谜团与传奇系列

天下奇事

主编◎严亚珍

WUHAN UNIVERSITY PRESS
武汉大学出版社

图书在版编目（CIP）数据

天下奇事 / 严亚珍主编. —— 武汉：武汉大学出版社，
2013.6
ISBN 978-7-307-11105-9

Ⅰ.①天… Ⅱ.①严… Ⅲ.①科学知识–青年读物②科
学知识–少年读物 Ⅳ.①Z228.2

中国版本图书馆 CIP 数据核字 (2013) 第 146722 号

责任编辑：瞿　嵘　吴惠君

出版发行：武汉大学出版社　　（430072　武昌　珞珈山）
　　　　　（网址：www.wdp.com.cn）

印　　刷：永清县晔盛亚胶印有限公司

开　　本：787mm×1092mm　1/16

印　　张：12

字　　数：150 千字

版　　次：2013 年 6 月第 1 版

印　　次：2013 年 7 月第 1 次印刷

书　　号：ISBN 978-7-307-11105-9

定　　价：23.80 元

前　言

　　探寻世界的奥秘，从生命诞生之初到如今的繁荣，早已经跨越了数十亿年的漫长历程。美丽的地球为我们提供最适宜的生存环境，保证了所有生物繁衍生息。在万物生长的过程中，"物竞天择"已经成为一条不变的真理。在生命的交替过程中，发生了无数奇迹，令人难以理解，更难以参透，或许这就是生命的奥秘。造物者为这个世界覆盖上一层厚厚的纱帐，让人摸不着，更看不透。

　　就拿人类来说，翻开文明发展史。我们从茹毛饮血的时代到现在的高度文明，这其中要经历多少翻天覆地的变化，根本就没人能说得清。在这个发展过程中，所出现的神奇现象更是数不胜数。比如我们的祖先创造了灿烂的文明，留下了令世人赞叹的奇观以及数不清的构思奇巧、鬼斧神工的作品让我们不得不肃然起敬。在敬佩的同时，我们的心中也开始怀疑，那些即便放到如今这个科技发达的文明时代也难以完成的奇观，他们又是如何做到的呢？

　　当然，人类虽然成为了世界的主宰，却也逃不了造物者的安排。人类的古代文明曾经达到了顶峰，却在自然的力量下，被永久地埋藏了。比如被黄沙掩埋的古楼兰，沙漠深处的尼雅古城，繁荣昌盛的巴比伦古城，被战火毁灭的玛里古城、人迹罕至的沙漠古城——埃勃拉，失踪千年的罗马古城等。

　　虽然自然毁灭了这一切，却在几千年后，被我们重新寻到了文明的足迹。我们只能追求历史的脚步，探寻祖先创下的辉煌文明。

　　人类追寻文明的脚步从来没有停歇，宇宙的神奇事件频频出现，UFO神秘事件，让人类对外太空又充满了好奇。难道外星人真的存在吗？假如外星人存在，那他们的出现，是因为钟情于这个美丽的星球，还是在追寻他们失落的记忆，或者是要毁灭人类？

　　所有的神秘都徘徊在无边的黑暗中，众多的谜团和传奇静静守候，等待着人类点燃探索之光。用智慧作为钥匙，开启岁月的封印，褪去神秘的外衣，探寻那被尘封已久的事实真相……

目 录

第一章 可怕的巧合

南亚强震海啸与巴姆强震同一天

2003 年 12 月 26 日，伊朗巴姆古城发生的强烈地震造成了 2 万人死亡，震惊世界。

一年之后的同一天，也许是巧合，可怕的悲剧竟然再次上演。

印尼当地时间 2004 年 12 月 26 日上午 7 时 59 分(北京时间 26 日上午 8 时 59 分)，印度尼西亚苏门答腊岛附近海域突然发生了强烈地震。

一位来自印尼亚齐省的目击者表示，地震前天空晴朗，万里无云，没有任何异常征兆。但突然间，海边的城市就遭到了巨浪袭击。在部分地区，海水涨到了人们的胸口。

印尼地震监测机构最初公布的报告称，这次强烈地震的震级为里氏 6.8 级，震中位于北纬 3.6 度，东经 96.28 度。

然而位于美国科

地震前的伊朗巴姆古城

罗拉多州戈尔登的美国地质勘探局公布的监测结果却表明，这次地震的震级为里氏 8.5 级。数小时后，该机构又对震级进行了更新，将其调高至里氏 8.9 级。

意大利地震专家恩佐·博齐表示，26 日大地震发生后，"整个地球都在震动"。他同时表示，此次地震甚至对于地球的自转运动都产生了一定的干扰。

美国地质勘探局的地质专家朱利斯·马丁内斯说，如此强烈的地震近百年来都十分罕见。这是自 1964 年美国阿拉斯加发生里氏 9.2 级地震以来的震级最高的地震，也是自 1900 年以来震级排名第 5 的强震。

根据美国地质勘探局网站公布的资料，自 1900 年以来世界各国遭遇的最强烈地震是 1960 年发生在智利的地震，震级达到了里氏 9.5 级，随后分别是发生在阿拉斯加威廉王子湾（1964 年，里氏 9.2 级）、阿拉斯加安德烈亚诺夫群岛（1957 年，里氏 9.1 级）和俄罗斯堪查加半岛（1952 年，里氏 9.0 级）的大地震。

由于这次强震的震中位于海域，地震本身造成的人员和财产损失相对有限，但是地震引发的浪高达 10 米的海啸却给沿岸地区带来了可怕的灾难。

截止到北京时间 27 日零时，这次罕见的强烈地震及其引起的海啸已经在印度、斯里兰卡、孟加拉国、印度尼西亚、泰国、马来西亚、缅甸和马尔代夫等国造成数千人死亡，受伤和失踪者人数更是惊人。

有目击者对印尼雅加达电台表示，在北部的亚齐省，至少有数百人死于地震和随后引发的海啸。在最高达 10 米的巨浪袭击下，当地已有多家商店和小型建筑物倒塌，数千人在惊慌中撤离家园。

斯里兰卡受灾程度最为严重，斯里兰卡国内报道说，从该岛国东部沿海城市亭可马里到位于南部的首都科伦坡，这一段超过 88 公里的海岸线都遭到海啸巨浪袭击，部分地区的海浪高度超过 5 米。沿线的旅游胜地遭到严重袭击，其中多数被淹。斯里兰卡北部的姆图尔和亭可马里地区的部分地区也遭到袭击。

在印度泰米尔纳德邦，迷人的海滩受到海啸袭击后简直就变成了露天停尸场，海浪卷着尸体冲向岸边，将尸体留在了沙滩上，惨不忍睹。据印度内政部长帕

海啸引起的巨大波浪

蒂尔公布的数据，该国南部已经有至少 2016 人在海啸和洪水中丧生。帕蒂尔说，在该国受灾最为严重的泰米尔纳德邦，已经有 700～800 人死亡。在另一个灾情严重的安得拉邦，死亡人数也达到了 200 人左右。此外，在喀拉拉邦和其他地区也都有数十人罹难。

海啸形成的巨浪像一头猛兽迅速扑向泰国南部地区，泰国著名的旅游地普吉、攀牙和甲米府都未能幸免，其中又以普吉岛受灾情况最为严重。当时统计数字表明，海啸在泰国造成至少 310 人死亡，超过 2000 人受伤，死伤者中包括多名外国游客。

马来西亚副总理兼国防部长纳吉布召开新闻发布会说，位于马来西亚西北的槟榔屿州和吉打州受灾情况最为严重，共有 42 人被巨浪夺走性命，其中包括多名外国人。

马来西亚副总理兼国防部长纳吉布

地震引起的巨浪还袭击了印度洋珊瑚岛国马尔代夫，首都马累大部分地区被海水淹没。马尔代夫全国 33 万人口中的 1/3 居住的马累岛 2/3 地区被淹，部分地区水深达 12 米。

佛指舍利一走地震就来

佛指舍利一走，地震就来？"3·31"地震与两年前的"9·21"地震之间相隔 921 天，是巧合吗？台湾地区 2002 年 3 月 31 日发生 6.8 级的地震，引起国际社会关注。此次地震造成多人死亡，272 人受伤。据报道，台北市受创最严重，施工中的台北市信义区金融大楼一处，5 死 19 伤，承德路三段民宅下陷，也一度造成 7 人受困，幸好在傍晚全部平安救出。此次地震光台北市就有 200 多人受伤，其余伤者零星分散在花莲、宜兰县、中正机场等地，多半是遭掉落物品砸伤；台北县部分则有两栋民房倒塌。地震期间共发生瓦斯外泄 26 起及火灾 5 起、电梯受困 24 件，幸好都没有酿成重大灾情，至于电力、瓦斯、电信、油料管线等维生系统，经检修后都正常。

网络是最快速的传播媒体之一，地震发生后，岛内各网站马上成立讨论区，汇聚来自世界各地的消息，传播效率并没有受电话线路挤塞的影响。有住在加拿大、香港的民众因无法用电话联系上在台湾的家人，就在网络上发表短文探听消息，亟欲得知亲人居住的区域是否发生重大灾害。

地震引起的建筑物倒塌

"3·31"地震让人回想起"9·21"地震的情景。一位网友指出，地震时他正在看电影，刚开始摇晃得很严重，虽然戏院里没有发生骚动，但他直觉就想到"9·21"大地震，内心有点恐慌。

他希望这次地震不会造成太大伤亡。

　　另一位网友则表示，地震时她正陪着小学二年级的妹妹在美容院理发，妹妹出生到现在都未剪过头发，之前特地看了黄历，选定昨天动这一刀，想不到遇上地震。妹妹当时围着兜兜和她一起冲出去，理发师傅则在后面追着要她们回去。

　　3月31号上午佛指舍利才离开，台湾在下午就发生地震，两者之间有关吗？这个问题在两岸网络上都引起广泛讨论。有台湾网友认为，佛指一走灾难就来，现在最好再把它迎回来，台湾才会比较安全一些。一位大陆网友则斥这是无稽之谈，因为佛指舍利过去一直都在大陆，但大陆每年也一样有天灾人祸。另外，"9·21"大地震发生至今两年多，扣除1999年9月21日及2002年3月31日事发当日，两个地震中间刚好相隔921天，这是纯然的巧合还是蕴藏着天机，耐人寻味。

招灾电影

　　编剧兼制片家艾伦专门拍灾难电影，上演时往往发生同类灾难。

　　电影《海神号遇险记》描写大邮轮"海神号"在新年前夕遭大风浪，船被整个翻覆过来，船上大批乘客千方百计逃生。其中，以牧师吉恩·哈克曼为首的一组人同心协力越过重重障碍爬到水面上，成为少数战胜灾难的生还者。片子在1972年下半年上演，同年英国豪华邮轮"伊丽莎白皇后"号沉没。

电影《海神号遇险记》"海神号

圣海伦斯火山爆发

1974 年上演的《冲天大火灾》描述摩天楼大火，这一年巴西有 3 幢摩天楼失火。如巴西圣保罗焦玛大厦火灾，死亡 188 人。

1980 年，所拍火山爆发片《末日》上演时，美国华盛顿州的圣海伦斯火山爆发。美国西北部华盛顿州的圣海伦斯火山是旅游者熟悉的景点之一，圆锥形的峰峦及其颇有特色的雪冠，隆起在一片美丽的森林景观之上。1980 年 3 月 18 日，圣海伦斯火山永远地改变了它的外貌。人们已预料到可能要发生火山喷发，几个月水流冲入山下谷地。遭受破坏的地区绵延 32 千米。圣海伦斯山的高度从喷发前的 2950 米减至后来的 2560 米。洪水摧毁了桥梁，冲走了建筑物，但令人惊奇的是只有 63 人死亡。

这些神奇的巧合使得人们认定艾伦的电影是招灾电影。

无独有偶，2004 年热播全球的好莱坞大片《循天》，竟也与 2004 年 12 月发生的印度洋海啸情形惊人地相似。

"哥伦比亚"号航天飞机爆炸惊人巧合

2003 年 2 月 6 日，美国"哥伦比亚"号航天飞机在高空分裂解体，导致 7 人死亡。这震惊世界的意外事件立刻令人联想到 17 年前相差不到几天、升空即爆炸的"挑战者"号的悲剧。比较发现，两者有着惊人的相似之处。媒体认为，这些巧合简直是小说也杜撰不出来的情节。

纽约 1010 频道"天天赢"电台说，"哥伦比亚"号这次升空特地挑选"挑战者"号升空周年的时间，用意就是纪念那组航天员。"挑战者"号的 7 名航天员来自美国各族群并拥有不同肤色，"哥伦比亚"号的 7 名航天员也具备不同种族背景，

先进的航天飞机

包括一名印度出生的美国人以及以色列第一位航天员。

其他令人惊奇的"巧合"包括载着以色列空军上校拉蒙的这个飞行器在得州东部一个叫做巴勒斯坦的小镇上空爆炸裂解。《纽约时报》说，这些巧合简直是小说也杜撰不出来的情节。

拉蒙也是以色列第一位出任太空任务的太空人，但并非第一位出任太空任务的犹太人，在他之前即有蕾丝妮参与过 1986 年的挑战者号太空任务。然而，挑战者号升空爆炸后，蕾丝妮也不幸丧命。这两名犹太人的先后罹难，耐人寻味。

哥伦比亚号在太空执行任务长达 16 天，并在降落前 16 分钟解体。哥伦比亚号和挑战者号都载有 7 名宇航员，且都是 5 男 2 女。

纽约"天天赢"电台报道说，拉蒙最后一封给家人的电子邮件说，太空之旅无限的平静，他真希望"永远待在太空"。

这不是犹太人第一次参与航天飞机探险任务，不过却是第一次太空总署应拉蒙要求准许航天飞机携带犹太食物上太空。48 岁的拉蒙先前担任过以色列空军战斗机飞行员，且曾参与过 1973 年以色列与阿拉伯国家之间的战争。

拉蒙的母亲曾于第二次世界大战期间遭纳粹德国囚禁于奥斯维茨集中营，被带至该集中营的犹太人多数遭屠杀，但拉蒙的母亲最后未遭到毒手。拉蒙此次就特地携带了一张犹太男孩金兹 14 岁那年在奥斯维茨集中营遇害之前完成的画，登上哥伦比亚号太空梭。

1986 年 1 月 28 日，"挑战者"号升空爆炸后，美国总统里根曾说，在冒险扩大人类活动领域的过程中，这类痛苦事件在所难免，可是"未来不属于怯懦者，未来属于勇者"。

航天飞机计划停顿了两三年，又继续执行。布什也称，在对这次悲剧彻底检讨之后，航天飞机计划也将继续，"但愿上帝继续保佑美国"。

两大空难中的"巧合"

2004 年 11 月 21 日，内蒙古包头空难，6 名无锡籍乘客不幸遇难；而 14 年前的 1990 年 10 月 2 日，广州空难，同样有 6 名无锡籍乘客魂断白云机场。更巧的是两次空难无锡遇难者，都有警务人员和商人在其中。

11 月 21 日早 8 点 20 分，由包头飞往上海的小型客机起飞不久坠入

距机场不远的南海公园

距机场不远的南海公园，机上 47 名乘客与 6 名机组人员全部遇难，此外，当时在南海公园的两名地面人员也不幸遭遇横祸。两天后相关部门公布的遇难者名单显示共有 11 名江苏籍旅客遇难，其中 6 名无锡人，他们包括无锡交巡警支队的蒋勇和周仲岐以及无锡一驾校老总王荣全。

随后，有网民在无锡本地的 BBS 上发帖称，此次三人出事时是由王荣全出钱请蒋勇和周仲歧两位警官外出旅游。而且还有一些知情者称，在 10 多年前的广州空难中也发生过相似的一幕，当时 6 名无锡籍遇难者出事时也是公安人员与商人同行出游。

包头空难发生后，在无锡有关蒋勇、周仲岐和王荣全身份登记悬疑

以及交警干部与驾校老总关系传言一直没有停止过。与此同时，不少人还提到一个惊人巧合的内情：14年前，在广州白云机场发生了一起劫机事件，造成三架民航客机撞毁，100多人死亡。在那次空难事件中，有6名无锡籍旅客全部遇难，而且据说当时也是有公安人员与老板一起出行。

飞机坠毁的景象

　　一切还得追溯到14年前，关于广州机场的那场劫难，当时的媒体报道并不太多，回忆起10多年前的一幕，当事人无锡人王荣根还记忆犹新。

　　广州空难发生后，民航部门对遇难乘客的身份作了调查认定。王荣根所乘的飞机上另有6名无锡籍旅客，除王外全部遇难。记者多方求证调查后获知，这6名遇难者分别是：时任无锡市公安局宣传科科长赵子明、时任无锡郊区宣传部副部长张友南、《无锡日报》车队驾驶员叶永林、时为无锡市公安局副局长陆亦平以及无锡市外事科一顾姓工作人员，还有一位姓王的老板。

　　1990年空难后，当时的遇难者每人获得3万元的赔偿，而此次包头空难，蒋勇、周仲岐、王荣全等几名遇难者将获得每人40万元的航空意外保险理赔。另外，东方航空公司也将给每位遇难乘客21.1万元人民币赔偿。

带来厄运的木乃伊

　　早在3000多年前的埃及，有一位叫亚曼拉的公主去世之后，其遗体

尼罗河风光

按照古埃及习俗被制成了木乃伊，葬在尼罗河旁的一座墓室之中。

1890 年末，4 位英国年轻人来到埃及。当地的走私犯向他们兜售一具古埃及棺木，棺木中就是这位亚曼拉公主的木乃伊。其中最有钱的那个人以数千英镑的高价买下这具木乃伊，从此，这位在古埃及历史上默默无闻的公主便给许多人带来了一连串离奇可怕的厄运。

买下木乃伊的那位英国人将棺木带回旅馆。几个小时后，没有人知道为什么，这位买主竟然无缘无故地离开了饭店，走进附近的沙漠，从此消失了踪影，再也没有回来。第二天，他的一位同伴在埃及街头遭到枪击，受了重伤，最后不得不将手臂切除。剩下的两个人也都先后遭到了厄运。其中一人回国后无缘无故地破产；另外一人则生了重病，最后沦落在街头贩卖火柴。

这具神秘的木乃伊后来还是被运回了英国，但沿途依旧怪事不断。运到英国本土后，一位钟爱古埃及文化的富商买下了这具木乃伊。不久后，富商有 3 位家人在一场离奇的车祸中受了重伤，富商的豪宅也惨遭火灾。在经历了这样的变故之后，这位富商迫不得已，只好将这具木乃伊捐给了大英博物馆。

在载运木乃伊入馆的过程中，载货卡车失去控制撞伤了一名无辜的路人。然后，两名运货工人将公主的棺木抬入博物馆时，在楼梯间棺木失手掉落，压伤了其中一个工人的脚，而另外一个工人则在身体完全健康的情况下，两天后无故死亡。

亚曼拉公主的棺木后来被安置在大英博物馆的埃及陈列馆中。在陈列期间，夜间的守卫报告说，常常在她的棺木附近听见敲击声和哭泣声。更有甚者，连陈列室中的其他古物也常发出怪声。不久之后，一名守卫在执勤时死去，吓得其他守卫打算集体辞职。

因为怪事层出不穷，最后大英博物馆决定将木乃伊放入地下贮藏室。事实证明，这一切都是徒劳的，因为一个星期还没过完，决定将木乃伊送入地下室的博物馆主管无缘无故地送了命。

至此，这具充满诅咒的木乃伊已经声名大噪。有一位报社的摄影记者特地深入地下室，为这具木乃伊拍了一些照片，结果却在其中一张照片上洗出了可怕的人脸。

后来，实际情况如何，没有人知道，只知道这名摄影记者在第二天被发现陈尸自己家中，死因是开枪自杀。

不久以后，大英博物馆将这具木乃伊送给了一位收藏家，这位收藏家当即请了当时欧洲最有名的巫婆拉瓦茨基夫人为这具木乃伊驱邪。在经过了繁杂的驱邪仪式后，拉瓦茨基夫人宣布这具木乃伊上有着"大量惊人的邪恶能量"，并且表示要为这具木乃伊驱邪是不可能的事，因为"恶魔将永存在她的身上，任何人都束手无策"。最后，拉瓦茨基夫人给这位收藏家提出忠告：尽快将它脱手处理掉。

但是，到了这个地步，已经没有任何博物馆愿意接受亚曼拉公主的木乃伊了，因为在以往的 10 年时间里，已经有 20 人因为她而遭到不幸，甚至失去了生命。

然而，故事至此并没有画上句号。不久以后，一位不信邪的美国考古学

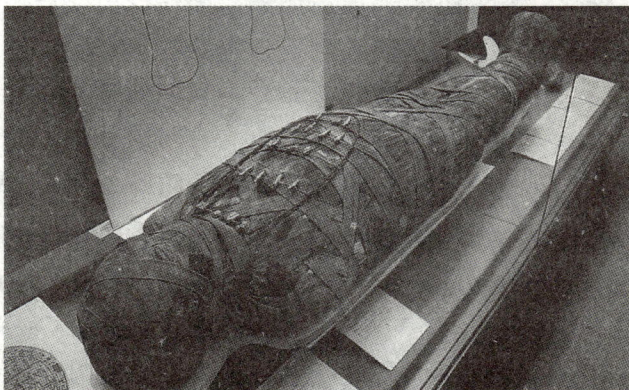

神秘的木乃伊

家不顾亚曼拉公主以前的可怕历史，仍然花了一笔可观的费用将她买下，并且打算将她安置在纽约市。

1912 年 4 月，这位考古学家亲自护送她，将她运上一艘当时轰动造船界的巨轮，也就是"泰坦尼克号"。为了慎重起见，他还将她安置在船长室附近，希望她能安安稳稳地抵达纽约。可是，大家都知道，"泰坦尼克号"沉没了。

半空中的坦克击中潜水艇

第二次世界大战期间，英国运输舰"奥立弗·伯朗奇"号是一艘非常现代化的运输舰，它凭着现代化的技术与装备为战争立下了不少的功劳。这不免让运输舰上的人有了些粗心大意，他们感觉自己这艘舰可以所向无敌。可是，事实上却并不是这样的。

潜艇

德国早就已经痛恨这艘运输舰了，他们决定想尽一切办法除掉这艘运输舰。于是，德国决定派出一艘他们当时最好的潜艇去偷袭英国运输舰"奥立弗·伯朗奇"号。他们运动神速，而且目标准确。由于运输舰"奥立弗·伯朗奇"号当时没有任何准备，也没有任何的防备，而且，德国这艘潜艇是从水下出其不意地进行偷袭的，所以该舰被炸得四分五裂。舰上的人全部遇难，刹时间，血染红了海面。

德国因为潜艇偷袭成功，非常高兴。他们为自己的聪明而高兴。可是，因为是在水下面，他们觉得庆贺得不过瘾，所以决定到水面上去好好庆贺一番。就这样，这艘德国潜艇得意忘形地潜出了水面。他们高兴地庆贺胜利。可是，他们却不知道，死神就跟在他们的后面。

三吨重的坦克

也就在此时，英舰上一辆被轰上半空中的三吨重的坦克从天而落，恰恰击落在潜出水面的艇中间，一下子把潜艇劈为两半，潜艇上的官兵全部葬身海底。

这个意外巧合使人除了目瞪口呆之外，没有任何话可以说。这太巧合了。

被诅咒的跑车

美国电影明星詹姆斯·迪恩在加利福尼亚学习表演和法律时，偶然在一个电视节目中表演了一次，便走红起来，随后他离开加利福尼亚去了纽约，在百老汇名声大噪。他轻柔自然的表演打动了华纳兄弟娱乐公司，他们与迪恩签了拍电影的协议。到 1955 年车祸去世之前，他一共演出了三部影片，其中两部是在迪恩死后才开始放映。

《天伦梦觉》、《没有理由的反抗》和《巨人》赢得了广泛的好评，让美国人首次看到了"另一种风格"的表演。艺术家沃赫尔·安迪称，迪恩"是我们那个年代被损坏却又美丽的心灵代表。

1955 年，詹姆斯·迪恩驾驶自己的名牌跑车兜风时死于车祸。他那辆被撞毁的跑车后来被拖到了一个修理厂里，在拆卸过程中，用千斤顶支撑的车突然坠地，砸断了一名修理工的腿。

该车发动机后来被卖给了一名医生，这位医生将发动机安装在了自己的赛车上。可是，奇怪的是，这名医生后来开着赛车比赛时死于车祸。因为这样，所以有些人觉得詹姆斯·迪恩的这辆跑车非常的神奇，能够给人带来灾祸。不过，大多数人并不信这个，而且，因为这是明星的车，所以很多人愿意买这个跑车的哪怕只是一个零件。

可是，不久，另一名购买了迪恩报废汽车方向轴的赛车手也死于车祸。迪恩汽车的外壳被人用来展览，然而展厅却突发火灾，事故原因一直不明。还有一次，它从展台上跌落，砸碎了一游客的臀骨。这个时候，大家才相信这辆跑车真的是被诅咒的。

肯尼迪家族的悲剧

在推崇成功人物和政治人物成为明星的美国，肯尼迪家族的传说是美国人喜好童话故事的极端表现。

肯尼迪家族来自爱尔兰，信奉天主教，曾长期被排除于新英格兰富有的新教徒俱乐部之外。在新大陆，肯尼迪家族的地位与王室家庭相当，但命运将肯尼迪家族暴发户们的传奇变成了悲剧。

1963 年，肯尼迪巡游得克萨斯州的两周前，一位极右派将军说肯尼迪是"自由世界的一个障碍"。就在肯尼迪遭暗杀的当天，他视察的城市出版的一份报纸《达拉斯晨报》曾刊出过一个整版的广告。就像通知什么人

美国总统约翰·F·肯尼迪

的去世那样，这则广告四周被围上了黑框，而且有一个挖苦性的通栏大标题《欢迎光临达拉斯，总统先生!》，内容是向肯尼迪提出了 12 个问题，这些问题要求他为监禁和监视成千上万在美国的古巴人负责，还质问他为何向正在越南杀害美国人的士兵出售粮食，并明白地暗示，总统与美国共产党人达成了秘密协议。据说，在肯尼迪遇害的那天早上，他和他的夫人杰奎琳都曾阅读过这张报纸。并且，肯尼迪还对妻子和一名亲信说："今天，我们将去一个满是疯子的地方。但是杰姬（杰奎琳的昵称），如果有人要从高处的窗户里朝我开枪，谁都无法阻止他那样做。那还焦虑什么呢?"第二天早晨，全美国的报纸都画出了黑框。难道这是一个巧合?

肯尼迪举手向人群示意。几秒钟之后，响起了剧烈的枪声，子弹打爆了肯尼迪的头。几小时之后，他在医院去世。按照官方的说法，肯尼迪之死没有什么秘密，没有"神奇"子弹，没有第二杀手梯队，总而言之，没有什么阴谋。只有一个神经有点不正常的杀手李·哈维·奥斯瓦尔德躲在一个书库的六楼上。1993 年，杰拉尔德·波斯纳出版了《了结的事》一书。他证实了只有一名杀手的判断如何可信，他解释说："大部分美国人不愿意相信李·哈维·奥斯瓦尔德能够以一种我们无法控制的方式影响我们的生活。想到一个 24 岁、无法适应社会的失败者用一把廉价步枪结束了肯尼迪传奇，这实在令人不安。"对于亿万美国人来说，约翰·肯尼迪总统遇刺身亡代表着"未来的一种难以估量的损失"。

1969 年 7 月 18 日，爱德华·肯尼迪在恰帕魁狄克岛酒宴之后，驾车坠桥，使同车的年轻女助理柯普珍溺死车中。

约瑟夫·肯尼迪 1973 年因车祸造成车内一名女乘客终生瘫痪。

1984 年，大卫·肯尼迪在佛罗里达州棕榈滩家族度假别墅附近的旅馆吸毒过量暴毙。

派垂克·肯尼迪，现任众议员，1986 年，当他还是青少年时，曾因使用古柯碱成瘾接受治疗。

肯尼迪葬礼

威廉·肯尼迪 1991 年在肯尼迪家族棕榈滩府邸涉嫌强奸，后被判无罪。

麦可·肯尼迪曾与家中未成年小保姆有染，1997 年 12 月 31 日在科罗拉多州阿斯朋滑雪场意外丧生。

1999 年 7 月，随着小约翰·肯尼迪驾驶飞机一头栽进海中，一个谈不尽的话题再次被炒得沸沸扬扬：这个著名家族为何如此多灾多难？

对此，以色列遗传学家提出一个新见解：肯尼迪家族的悲剧并非命运所致，而是由一种"冒险基因"造成的，这种基因易使其携带者冲动、冒险，容易纵情于速度、毒品和性行为。

厄布斯坦认为，肯尼迪家族成员勇于从事"冲动、冒险和拼命"活动，这种异常因子可能从中起到了一定作用。"我未对他们家族做过试验研究，但肯尼迪家族史提供了大量迹象，显示出他们身上带有这种在以色列发现的基因。"

全部迟到幸免遇难

美国《生活》杂志曾报道，在阿比特丽斯市某教堂定于 1950 年 3 月 1 日晚上 15 名唱诗成员唱诗排练。但是，当晚 15 人全部迟到。

迟到的 15 人当然要接受负责人的盘问。参加排练的 15 名唱诗成员各有各的原因。有人说："我的汽车发动不起来，也不知道是什么原因。平时都好好的。而且，今天上午我还开车出去遛了一圈呢。"

有的人说："我是因为服装还未熨好。本来我要我妈妈熨的，可是，我妈妈为了给妹妹梳头发，就把给我熨服装的事给忘记了。而我自己，也因为要扎头发而耽误了熨服装。我还因为这个埋怨了我妈妈呢。"

神圣的教堂

有的人说："我同学突然来拜访我，因为有 3 年多没有见面了。所以我们非常的高兴。我们聊呀聊，聊了许多的往事。这些往事让我们都既兴奋又怅惘。正因为如此，我们交谈的时间拖得太久了，所以，我就迟到了。本来我也知道迟到是一件不好的事情，而且我也知道自己快迟到了。可是，就是不知道是什么原因，我竟然没有把我同学赶走。这可不像我平时的风格。"

有的人说："我下午本来准备好了要早一点过来排练的，可是，因为我下午没有吃饭，我就到饭店去吃饭。结果，在饭店吃饭的时候被粗心的服务员把我的衣服给弄脏了。只好又跑到家里去换衣服……"

但是，谁也没有想到的是，好在他们 7 点 15 分一个也未到，因为 7 点 25 分教堂就爆炸了。而这 15 名唱诗成员因为迟到全部幸免遇难。像这样 15 人同时全部迟到的离奇巧合，经计算，恐怕在 100 万人次中才有一次。

世界四城市同时遭到袭击

2004 年，从 10 月 7 日傍晚 19 时到 8 日凌晨 5 时，伊拉克首都巴格

恐怖袭击后的城市

达、阿富汗首都喀布尔、法国首都巴黎和埃及旅游胜地西奈几乎同时遭到了不同程度的恐怖袭击。这难道是巧合吗？

当地时间 10 月 7 日傍晚 19 时，位于伊拉克首都巴格达市中心的喜来登酒店遭到武装人员袭击。两枚火箭弹落在了酒店附近，随后从邻近的底格里斯河和美国驻伊大使馆附近传来激烈的枪声。据附近巴勒斯坦饭店的警卫人员说，枪声持续了 10 分钟左右，美军基地附近也有枪声传来。

当地时间 10 月 8 日凌晨 1 点半左右，两枚火箭弹落在美驻阿使馆附近。第一枚火箭弹击中了使馆区大选媒体登记站附近的一处停车场，距美国使馆约二三百米，但没有造成人员伤亡。第二枚火箭弹的具体爆炸位置和造成的损失情况目前尚不清楚。

当地时间 10 月 8 目清晨，一枚装有自动引爆装置的中等型号的炸弹在巴黎的印度尼西亚大使馆前面爆炸，造成 10 个人不同程度的受伤，伤者中包括 5 名使馆人员。这枚炸弹被安置在使馆前不远处，并用旗子掩盖着。剧烈的爆炸在现场留下一个大坑，方圆 30 米内的一些建筑物的玻璃被震碎。

近年来，俄罗斯发生的系列恐怖事件、西班牙"3·11"大爆炸和印尼、沙特、摩洛哥、土耳其等国发生的多起惨案均有"基地"的阴影。更具杀伤与冲击力的袭击逐渐成为"时尚"，以"基地"为核心的全球恐怖势力正暗中合流，四处蔓延。

通古斯爆炸与广岛废墟的巧合

1908 年 6 月 30 日凌晨，在俄国西伯利亚森林的通古斯河畔，突然爆发出一声巨响，巨大的蘑菇云腾空而起，天空出现了强烈的白光，气温瞬间灼热烤人，爆炸中心区草木烧焦，70 公里外的人也被严重灼伤，还有人被巨大的声响震聋了耳朵。这次爆炸不仅令附近居民惊恐万状，而且其影响还涉及到其他国家：英国伦敦的许多电灯骤然熄

通古斯河畔爆炸中的大坑

灭，一片黑暗；欧洲许多国家的人们在夜空中看到了白昼般的闪光；甚至远在大洋彼岸的美国，人们也感觉到大地在抖动……

当时俄国的沙皇统治正处在风雨飘摇之中，无力对此进行调查。人们笼统地把这次爆炸称为"通古斯大爆炸"。十月革命后，苏维埃政权于 1921 年派物理学家库利克率领考察队前往通古斯地区考察，不过，他们没有找到爆炸的真正原因。库利克又两次率队前往通古斯考察，并进行了空中勘测，发现爆炸所造成的破坏面积达 2 万多平方公里。同时人们还发现了许多奇怪的现象，如爆炸中心的树木并未全部倒下，只是树叶被烧焦；爆炸地区的树木生长速度加快，其年轮宽度由 0.4～2 毫米增加到 5 毫米以上；爆炸地区的驯鹿都得了一种奇怪的皮肤病等。不久二战爆发，库利克投笔从戎，在反法西斯战争中献出了宝贵的生命。至此，前苏联对通古斯大爆炸的考察也被迫中止了。

二战以后，前苏联物理学家卡萨耶夫访问日本，1945 年 12 月，他

通古斯大爆炸被烧的树木

到达广岛，四个月前美国在这里投下了原子弹。看着广岛的废墟，卡萨耶夫顿然想起了通古斯，两者显然有着众多的相似之处：

爆炸中心受破坏，树木直立而没有倒下。

爆炸中人畜死亡，是核辐射烧伤造成的。

爆炸产生的蘑菇云形相同，只是通古斯的要大得多。

特别是在通古斯拍到的那些枯树林立、枝干烧焦的照片，看上去与广岛上的情形十分相似。为什么会如此巧合呢？因此，卡萨耶夫产生了一个大胆的想法：他认为通古斯大爆炸是一艘外星人驾驶的核动力宇宙飞船在降落过程中发生故障而引起的一场核爆炸。

此论一出，立即在前苏联科学界引起了强烈反应。大家议论纷纷，各持观点。直到今天，通古斯爆炸与广岛废墟的神秘巧合，对大家来说仍然是一个谜。

带来灾难的钻石

世界上最著名的钻石要算是那颗名叫"希望"的金刚钻了。

"希望"钻石重量为1125克拉，原产于印度，后被偷窃，运到法国，由一名宝石商买下。因为这颗钻石太有名了，所以后来被法国国王路易十四知道后，路易十四买下了它。路易十四把它琢磨成两块心形的钻石，每颗重量67克拉，称为"王冠上的蓝钻石"。路易十四逝世后，钻石由路易十六及玛丽·安东尼继承。1789年法国爆发资产阶级大革命，路易十六及王后被送上断头台，而"希望"钻石也与其他王室珍宝一同被政府没收封存。

1792 年"希望"钻石又一次被盗，曾一度销声匿迹，直到1830 年才又在伦敦重新出现。此时这颗钻石重量为 44.5 克拉。

颜色各异的金刚钻

由英国实业家亨得哈卜以 9 万英镑的高价买下。后来，由弗朗西斯·哈卜继承。但是，不久，其继承人弗朗西斯·哈卜就破产了。

破产后，钻石流入东欧。一位王子曾把它赠给一位女演员。若干年后，这位女演员被王子开枪打死。后来钻石一度被一名希腊富商占有，但他却在一次可怕的撞车事件中丧生。钻石旋即落入土耳其苏丹哈米德二世手中。他得到这颗钻石才 9 个月，就发生了 1909 年由青年土耳其党发动的军事政变，苏丹被赶下台。

艾浮林·维尔西·马克林太太是第一个占有"希望"钻石的美国人。她请人将它制成一串由 62 颗白钻石组成的项链，又由著名法国首饰匠贝雨尔·卡尔梯进行加工。马克林太太为此付了 18 万英镑。正当她戴着这串价值连城的项链到处炫耀富贵时，不想却连遭不幸：两个儿子相继死亡，丈夫得了精神病。

1947 年，马克林太太死后，珠宝商哈里·温斯顿买下她所有的珠宝，其中包括"希望"钻石。也许是他对前人所遭遇到的种种厄运有所忌惮，1958 年他把珠宝全部捐给美国赛米斯·苏犬协会。

被公布的预言

通常，对于预言或预知信息的报告仅限于事件发生之后，但是，偶尔也有事前被公布的预言。

把自己的命运与"泰坦尼克"号连在一起的英国著名记者史狄德，曾写了一篇客船撞击冰山的小说，讲述撞击冰山的客船因携带的救生艇不足而酿成悲剧的故事。作者在小说的最后还加了一段预言性的话："如果客船没有配备足够多的救生艇出海航行，那么这样的事故说不定真的会发生，不，肯定会发生。"

泰坦尼克

显然，史狄德心里已有预感，但他是否预知了自己的未来还不能确认。事实上，在"泰坦尼克"号事件中，正是因携带的救生艇不足而使很多人遇难。史狄德小说里的事情真的变成了现实。可悲的是，史狄德自己也是遇难者之一。

也有预言被报纸偶然公布的情况。1978年12月6日，苏格兰报纸刊登了标题为《预言者无票乘车》的消息，内容是威尔士一名失业的预言者爱德华·皮尔逊（当年43岁）12月4日乘从因弗内斯到珀斯的火车，因没有买票受到州法院起诉。据说他乘火车的目的是去找环境大臣，报告格拉斯哥将受地震袭击的消息。

显然没人相信地震会发生，因为英国发生地震是很罕见的事，它只是失业者无票乘车的一个借口而已。可是，几周后的一个夜晚，大地震果真袭击了格拉斯哥，并对苏格兰各地的建筑物造成巨大损害。预言者爱德华·皮尔逊因此成为大名人。

泰坦尼克号的凶兆

超级巨轮"泰坦尼克号"沉没的悲惨故事被拍成一部好莱坞的灾难爱情片而风靡世界，为人们所耳熟能详。然而这条巨轮的悲剧，却早在上世纪末就显出凶兆。

1898年，英国作家摩根·罗伯森写了一本名叫《徒劳无功》的小说。小说写了一艘号称永不沉没的豪华巨轮，名为泰坦（Titan）号，从英国首航驶向大洋彼岸的美国。这是人类航海史上空前巨大也最豪华的客轮，船上装备了当时力所能及的一切华贵设施，满船乘载的都是有钱的乘客，人们在这巨轮上尽情地享受着。但是，这艘巨轮首次出航就在途中撞上冰山，悲惨地沉没，许多乘客葬身海底。

谁也没有料到，这本小说中写的故事，竟成了14年后不幸的现实。人们都说"泰坦尼克号"是不会沉没的。这艘当年在水上航行的最大客轮，在甲板下建有水密舱，即使这些水密舱中有3个进了水，客轮仍然能浮在水面上。1912年4月11日，"泰坦尼克号"从英国南安普敦港出发驶往纽约，开始了她的处女航。船上有乘客2224人，还有船员800人。"泰坦尼克号"向西行驶，一连三天三夜，安全无事。

到第4天的半夜左右，在纽芬兰海岸外，"泰坦尼克号"在全速行驶时与一座巨大的冰山碰撞。在甲板下面，"泰坦尼克号"的水密舱有了破裂，海水涌入舱内。意想不到的事竟发生了——"不沉之船"正在慢慢地沉下去。

当"泰坦尼克号"在纽芬兰海岸外与冰山相撞时，人员开始撤离该船。但由于救生艇不够，乘客惊慌失措。最终随着船尾翘起，船身滑向

巨大的泰坦尼克号游轮

大西洋底，1513 人与船一起沉没。

悲剧发生后，有人想起这篇小说，发现不仅船的名字几乎相同，两者还有众多的极其相似之处：

两船都是初次出航就沉没，其原因都是撞上冰山，肇事地点都在北大西洋。

两船航行的时间都是在四月份，航线都是从英国到美国。

"泰坦号"所写的乘客和船员人数为 3333 人，"泰坦尼克号"乘客和船员人数为近 3033 人。

"泰坦号"设想重量为 7 万吨，"泰坦尼克号"实际重量为 6 万 6 千吨。

"泰坦号"长度为 809 英尺，"泰坦尼克号"长度略多于 800 英尺。

两船的螺旋桨数均为三个，碰撞冰山的时速均为 23 海里。

还有一点相同的是，两船出事后乘客伤亡惨重的原因都是因为船上的救生艇不够。

有人比较了《纽约时报》所刊登的"泰坦尼克号"沉没的消息，其情节、过程与罗伯森笔下的小说如出一辙。以至可以说，小说中的故事就是提前了 14 年出现的"泰坦尼克号"沉没的写照。这一切仅仅是巧合吗？如果不仅仅是巧合，那么又该如何来解释呢？

闻名天下的预言

在 16 世纪，一位名叫诺斯特劳姆的人也有过几次闻名天下的预言。

诺斯特劳姆是一个非常聪明并具有预见性的人。他预言 100 年后的 1666 年，伦敦将发生一场大火。他写道："正气迫使伦敦在 1666 年蒙受一场大火。"后来正是这年伦敦果然烈焰冲天，全城几乎化为灰烬。这样的巧合使得诺斯特劳姆世人皆知。因为这太神奇了。这个时候，诺斯特劳姆刚好去世一百年。

1558 年 7 月 27 目，在给国王亨利二世的信中，他预言了一次反对教会的起义。他指出："起义将于 1792 年发生，到那时每个人都认为它能革新时代。"这一事件真的发生了，并且导致了 1792 年法国南特市的暴行。当时，1003 名反对革命者的市民，或者被送上断头台，或者被剥光衣服淹死在卢瓦尔河中。预言里说："南特市的哭泣和呻吟，令人惨不忍睹。"的确是如此。

诺斯特劳姆还能对自己的未来未卜先知。他预言了自己会在 1566 年去世。而且，他在 1566 年去世前，曾要求他的一个朋友给他刻一块石碑，死后一道在墓里下葬。石碑上刻了什么，仅他们两人知道。他死后，朋友从来没有公布墓碑上的字。诺斯特劳姆死后盛名仍在。

人们的好奇心与日俱增。到了 1770 年，人们决定掘开他的墓看看。墓穴打开后，在场的人都面面相觑，惊诧不已，因为石碑上刻的正是"1770"这几个数字。原来他早知道自己的棺木将于这一年被人打开。这真是太神奇了。

第二章　生与死的巧合

20 年后，子弹终于击中了他

这个故事虽然让人觉得不可思议，却完全是事实。

1893 年，在德州经营霍尼克洛乌牧场的亨利·席格兰特结婚后，又喜欢上了另外一个名门闺秀。席格兰特感到十分的苦恼，于是对爱人梅莉开始感到嫌恶。他看她的什么都不顺眼，觉得她既长得难看，又没有什么趣味，她一点也不可爱，整个人没有一点值得让他欣赏的。这个时候的席格兰特，已经完全忘记了自己当初是如何追求现在的妻子的。正因为如此，席格兰特对待自己的妻子十分冷淡无情，经常无故打骂妻子。这让可怜的梅莉经常独自哭泣，她不知道究竟发生了什么事情，她也不知道丈夫怎么就不爱她了。终于有一天，梅莉伤心地自杀身亡了。

梅莉的兄长对于席格兰特的行为感到无比愤恨，他知道是席格兰特害得梅莉自杀的。他发誓要为梅莉报仇。于是有一天，梅莉的兄长就带着手枪向席格兰特开了枪，子弹从席格兰特的脸颊擦了过去，击中了身后的一棵大树。但是，梅莉的哥哥以为自己杀死了席格兰特，接着就举枪自杀了。

席格兰特终于与自己心爱的人在一起了。事情经过了 20 年之后，有一天，席格兰特要把那棵大树砍倒，但因树太硬，很不容易砍倒，于是他就用炸药来炸。当然，席格兰特并没有忘记，20 年前从脸颊上擦过的那颗子弹仍留在大树上。他做好了一切准备之后，便点燃炸药，当炸药爆炸时，波及了这颗嵌在树上的子弹，它弹了出来，正巧击中了席格兰特的头部，席格兰特终于一命呜呼了。命运让席格兰特还是死在了这颗子弹下。

国王与平民共生死

1900 年 7 月 28 日，意大利国王翁贝尔托一世偕同副官抵达距米兰几英里的蒙察，准备在次日一个运动会中颁发奖品。当晚，他和副官进入一家小饭馆用膳。店主听候他们点菜时，国王发现店主无论在面貌或体格上都酷似自己，便对热情的店主说："您坐下来，我们谈谈好吗？您长得太像我啦。"在闲谈中他发现彼此有许多相同之处，两人都感到惊奇。

两人都是 1884 年 3 月 14 日生于同地，都叫翁贝尔托；同在 1868 年 4 月 22 日结婚，妻子都叫玛格丽塔，各有一个取名叫维托里奥的儿子。翁贝尔托一世加冕之日，另一个翁贝尔托的饭馆开张营业。

国王在惊异这些巧合之余，问店主："既然我们有那么多的相同之处，为什么我们以前在人生路途中从未相遇过呢？"店主告诉他说："事实上我们曾两次同时获得英雄勋章，第一次是 1866 年，那时我是一名二等兵，国王您则是一名上校。第二次是 1870 年，那时我们两人分别晋升为中士及军长。"谈话完毕，国王高兴地对副官说："我想明天给这个人颁发意大利王室骑士衔。切记要他出席运动会。"

次日，国王问起那个店时，获悉他已于当日的一次枪击中意外丧生。国王大吃一惊，连忙吩咐副官："你去查明葬礼什么时候举行，我要亲自参加。怎么会这么巧合呢？偏偏是这个时候？"就在这时候，有个刺客连发三枪，第一枪未射中国王，其余两枪却穿过他的心脏，国王当场倒毙。

老太太 127 次与死神擦肩而过

世界上也许没有比 77 岁的波兰老太太芭芭拉·罗丽亚更幸运的人了，这个波兰老人一生中遭遇了大约 127 次大大小小的致命灾难，包括 4 次空难、7 场车祸、多次楼板塌陷、煤气爆炸或船只沉没事件，但每一次都化险为夷，劫后逃生。

芭芭拉·罗丽亚 1927 年 5 月 6 日出生于波兰的一个小镇，她频繁的灾难和惊人的运气从童年时代就开始初露端倪。当她还是一个小女孩时，有一次竟然意外地爬出了 5 楼家中的窗户，从窗户边笔直地掉到了数十米高的楼底下。但是芭芭拉摔下楼时，正好掉在底楼一家商店店主堆在门外的纸板箱上，她靠自己爬了起来，并毫发无伤。

当芭芭拉 10 岁上学时，又遭遇了另一次灾难事故。当她背着书包前往学校上学时，刚走出家门不远一个拐角处，就与她骑自行车急速冲来的叔叔人仰马翻地撞到了一起。芭芭拉的叔叔体重足有 100 公斤，他连人带车撞到了芭芭拉身上，自行车也甩到了路边。芭芭拉的叔叔摔断了两根肋骨和一条臂膀，但芭芭拉却连皮也没擦破，她像没事人一样从地上爬起来，继续背着书包上学去了。

12 岁时，芭芭拉又遭遇了一次让人难以置信的幸存奇迹：当时一辆失控的汽车眼见就要撞到芭芭拉的身上，然而就在撞上前的一刹那，汽车的一只轮子突然掉了下来，汽车立即滑出路面，翻了几个筋斗滚出老远，司机身受重伤，立即被送往医院接受治疗，毫发无伤的芭芭拉再一次逃过一劫。

正因为如此，芭芭拉·罗丽亚被当地居民称作是世界上最幸运的人，她一生遭遇过 4 次空难、7 场汽车车祸、2 场火车相撞、12 次楼板塌陷或楼梯断裂事故，其中一次她所站立的阳台几乎彻底崩塌。除此之外，芭芭拉还遭遇过各种稀奇古怪的意外事故，包括煤气爆炸、犯罪袭击、船只沉没事故等，芭芭拉至今大约总共逃过了大大小小 127 次灾难事故。

　　尽管一生中遭遇了这么多的"不幸"，但芭芭拉几乎从来没有受过什么重伤。她受到的最大伤害，也许就是遭遇第二次空难时失去了一颗牙齿。她是那次空难中幸存的三名乘客之一，除了芭芭拉之外，其他两名幸存者全都身受重伤，被送往医院治疗了好长时间。

连克五位审判官

　　英国伊斯特本的劳工领袖布莱克曼，因为与妻子性格不合而离婚了。离婚时法院要布莱克曼付钱赡养妻子。但是，布莱克曼一直不肯付钱赡养妻子。他觉得既然已经离婚了，就应该自己养活自己，怎么能再让他付钱赡养呢？这太不公平了。布莱克曼的妻子因此上诉法院。离奇的是，那些判他付钱的人，一个个都遭到了厄运。

　　布莱克曼坚拒付赡养费，所以在 1922 年 4 月首次遭到起诉，并被判入狱。审判他的一名地方法官名叫杜克，不久就去世了。

　　虽然如此，布莱克曼仍拒绝付钱，因而再遭判刑。聆讯后，地方法官莫林诺斯郎莫名其妙地得了重病，很快就逝世了。

　　布莱克曼第三次为此事出庭受审时，在宣判后几分钟，地方法官法内尔突患脑溢血，不省人事，就此与世长辞。

　　布莱克曼仍坚持自己的观点是对的，就是不付赡养费，于是又于 1923 年 10 月在伊斯特本郡法院由法官麦卡尼斯审讯。他再度入狱。这位法官因此而死亡。布莱克曼出狱时，正赶上这位法官的葬礼。

　　1924 年 7 月末，布莱克曼五度被判刑。布莱克曼让法院的人伤透了脑筋。到 9 月间，审讯此案的一名地方法官赫尔比也没有任何征兆地死了。

有记者因此而采访了布莱克曼，问他为什么会有如此奇怪的事发生，这些事情是不是与他有关。布莱克曼就 5 名法官的死亡事件表白说："那可能只是个无意义的巧合，我对他们绝无半点恶意。这些事情跟我没有任何关系的。"

埋葬两年后又复活

27 岁的秘鲁聋哑青年柏斯加在 1981 年 11 月得了重感冒，发高烧，他的家人帮他买来了退烧药。他服用了退烧药后就躺下了，可是，令人想不到的是，他因为服用退烧药而引起了突然性的短暂休克。当他的家人发现他已经没有了呼吸的时候，非常悲伤，误以为他死了，就按当地风俗将他埋葬了。

两年以后，由于连日大雨及严重水浸冲毁了坟墓，一批工人就逐墓进行修理。当他们打开柏斯加的墓门时，这些工人全吓得惊叫起来。只见蓬头垢面的柏斯加穿着破烂的入殓衣服呆坐在自己的棺木上面。

原来当初柏斯加被埋进坟墓后醒了过来，他确知自己被埋入墓穴，大哭起来。他在墓穴里什么也看不见，他又没有力气自己钻出坟墓去，于是，他以为自己真的死定了，就算不被困死，也会被饿死。但是，他发觉有昆虫爬上他的脚，于是，他也管不了那么多了，就抓这些昆虫和蚯蚓来充饥。没有地方大小便，他就用手指在地上挖一个浅坑，用于大小便，日复一日，年复一年，柏斯加竟然战胜了死神，活了下来。

坟墓

医学界研究这一奇迹后，认为由于柏斯加是个聋哑人，才能在无声环境中生存，不然他是无法适应的。

非常巧合，连日大雨及严重水浸冲破了坟墓，让维修工人发现了他。如果不是这样，也许柏斯加早已经死了。或许，冥冥中有什么在控制这一切吧。谁又能解释得清楚这一切不可思议的巧合呢?

杀人出租车

在美国的弗吉尼亚海岸，有一片地处百慕大群岛和佛罗里达群岛之间的广阔海域，总面积达 30 多万平方公里，这就是闻名于世的百慕大三角区。自从 16 世纪以来，这片神秘的海域共失踪了数以百计的船只与飞机，专门从事海洋和航空事业的人，对此谈虎色

屡发奇事的百慕大三角洲

变，把这一海域称之为"魔鬼三角区"或"死亡三角区"。

这片海域附近有一对兄弟，埃斯基恩·劳伦斯和他的兄弟内维尔两人相依为命。不过，他们从来不敢到这片海域来。他们对这片"魔鬼三角区"的神秘事件听得太多了，他们觉得不去惹的好。

但是，命运似乎不想放过他们。一天，埃斯基恩·劳伦斯骑着一辆机动两用车出去办事，他出门前还和兄弟笑笑说："再见啦。"走到一条大街上时，一辆出租汽车似乎失去了控制，猛地向埃斯基恩·劳伦斯的机动车撞来。埃斯基恩·劳伦斯大叫一声，车当即被撞翻。当司机与车上惟一的乘客下车来观察时，埃斯基恩·劳伦斯已经没有了呼吸。

内维尔听到消息后，悲痛万分。可是，交通警察调查后，也不知道是什么原因，竟然没有判那个司机的刑。这使得内维尔非常气愤，一直以来郁郁寡欢。

一年以后，就在埃斯基恩·劳伦斯死的那天，内维尔想到自己的兄弟就是在这一天被撞死的，非常的痛苦，于是，他想去兜兜风。他驾着兄弟曾经驾驶的机动两用车，来到了当时兄弟被撞的大街上。巧合的是，当时那辆出租车的同一个司机也在拉乘客，而且拉的乘客竟然是一年前的同一个。也不知道怎么回事，那辆出租车竟然又似乎失去了控制，朝着内维尔撞来。内维尔来不及避开，当场被撞死。

就这样，两人先后被同一个司机驾驶的同一辆出租车撞死。两次事件发生在相隔1年的同一天。埃斯基恩·劳伦斯和他的兄弟内维尔死去时都才17岁。

四枚硬币救条命

巴西一名彩票小贩说，他放在上衣口袋的4枚硬币挡住了强盗射出的一颗子弹，救了他的命。

这位幸运的中年汉子叫卡内罗，住在贝洛奥里藏特市。他手持4枚带凹痕的硬币对记者讲述了整个过程。原来，两名男子走近他的彩票摊，手里拿着枪，凶狠地说："快来钱来。要现金。要不然，你就没命了。"卡内罗感到非常害怕。他还从来没有碰到过这样的事情，以前，他只是在电视上看到过，没想到，现在自己遇到了。不过，他还算有些镇静，毕竟，他也曾经经历了不少的风雨。

为了保命，他平静地对两个男子说："我的钱都不在这里，在我的家里。你们可以陪我去拿。不过，请你们不要伤害我。你们要什么我都可以给你们。"

一名男子说："少废话，你带路。"于是，卡内罗就真的把他们带到了自己的家里。其实也就是彩票摊的后面。当他打开门让他俩进屋时，一名歹徒开了枪。卡内罗以为自己死定了。可是，子弹碰巧射中硬币弹了回去，卡内罗毫发未损。于是，他使劲将两歹徒推入屋内，自己夺门而逃，直奔街道。

他赶到街边的警厅，告诉警察刚才发生的事情。警察马上派了几个人去。不过，两名男子已经逃跑了。卡内罗发现自己的家里几个存折不见了，同时，还有一些现钱和贵重的首饰不见了。于是，他马上打电话给银行挂失。

后来，根据卡内罗提供的线索，两名歹徒都被警察抓获。

用自己的钱把自己撞死

第一次世界大战期间，间谍彼得·卡尔平受命潜入法国。他一边干着一份工作（工作只是为了掩人耳目），一边寻求各种情报。就在他以为可以顺利完成任务时，不久，却被法国情报部门逮捕。是他的同事告的密。当然，这些只是后来才知道的。被逮捕后的彼得·卡尔平一直不肯交待己方的情况，更不肯交待他已经获得的有关情报，于是，法国情报部门一直对他不客气。

可是，后来，卡尔平受尽了苦头后，就老实地交待了一切。因为，他觉得这样子耗下去是没有任何用处的。而且，如果他交待了，也许他还能够有其他的出路。不过，法国情报部门并没有因此就对他仁慈

间谍使用的微型相机

一点。

同时，法国一直封锁他被捕的消息，造成他还在法国工作的假象。法国人没收了卡尔平的薪水，直到他设法逃脱为止。

一个法国官员用没收卡尔平的薪水买了一辆汽车。这辆汽车很酷。这个法国官员非常喜欢这辆汽车，他经常开着这辆汽车到处兜风。这一天，他照常开着这辆汽车出门了。天气非常好，这让他心情顿时开朗了许多。不过，战争的阴影并没有彻底消失。而且，到处不平静的战争状态也让他感觉自己的心是不平静的。就这样，在一个拐角处，这辆汽车来不及刹车，在法军占领区撞死了一个人。这个官员赶快下车看究竟是谁时，他惊讶地发现，这个人恰巧就是彼得·卡尔平。

遭雷击 "死亡" 后复活

2004 年 7 月 29 日，塞黑有个遭到雷击的农妇被救活，而救活她的方法竟然是 "活埋"！

这名名叫拉多伊卡·拉扎雷维奇的农妇现年 51 岁。事发当天雷电大作，一个响雷击中了村旁的高压线。当时正站在自家电表旁的拉扎雷维奇只觉得脖子一麻，口眼开始歪斜，全身发痛，既而失去了知觉，晕倒在地。她的孩子们看到妈妈倒在地上，大哭起来。

亲友们闻讯后赶来，立即将不省人事的拉扎雷维奇抬到院内。拉扎雷维奇此时已经没有生命迹象，也就是说，完全没有呼吸了。但亲友们并没有放弃，他们按照当地 "遭雷击，'活埋'救" 的传统，迅速在院内刨了一个坑，将拉扎雷维奇放了进去，然后往她身上埋了一些土，焦急地期待着奇迹的降临。15 分钟后，难以置信的事情发生了，拉扎雷维奇竟然哼了一声并睁开了眼睛。不过，这时候，她还说不出话。

众人连忙把土扒开，用汽车送拉扎雷维奇进城里医院治疗。经过数日治疗，拉扎雷维奇体表目前还有两大块淤血，但她很快就要痊愈出院了。拉扎雷维奇也对自己被雷击后还能活下来感到庆幸，她说也许是自己命大吧。

不过，对于她为何能逃过一劫，目前还没有科学的解释。医生知道了这

巨大的雷击划过夜空

种情况，也说，她能够逃过此劫，应该来说很大程度上存在着碰巧。如果不是碰巧，像她这种情况应该早就不在人世了。

遭遇 127 次车祸的人

有一名英国男子名叫内尔，59 岁，有 5 个孩子，是一名建筑业经理。在其一生中总计遭遇多达 127 次包括坠机和撞车在内的重大交通事故。

内尔说，由于工作关系，他去过世界许多地方，但不管是在国内还是在国外，噩运就仿佛幽灵一般跟随着他。几十年中，他总共遭遇了大大小小共计 127 次包括坠机和撞车在内的重大交通事故。

内尔说，他的第一次车祸是在他 17 岁时发生的。当时他正在考驾驶执照，不料手中的换档杆突然脱落，汽车像脱缰的野马一般横冲直撞，最终猛地撞到一堵墙上才停住，把现场考官吓得目瞪口呆。他印象中最恐怖的事故发生在 2002 年 2 月，当时他正在乌克兰工作。在短短的 3 天时间里，就发生了 3 次交通事故。第一天，他乘坐的飞机坠落在一片野外的雪地上，幸好他本人只受了一点轻伤。第二天，他乘坐汽车去办事，

结果汽车在冰面上失去控制，猛地撞中了一棵大树，车上所有乘客都受了伤，惟独他毫发无损。第3天，内尔决定亲自开一辆崭新的马自达汽车出门。然而，当他在一个汽车维修站加油时，一辆乌克兰司机开的大卡车从后面狠狠地撞中了他的汽车。由于冲力过大，他的马自达汽车一头栽进了路边阴沟。

但内尔说，他的"最高车祸纪录"是在1969年——在短短8个小时内，他竟出了3次车祸。内尔说，当天早上8点，他正开车前往上班途中，突然，一辆摩托车从后面猛地撞向他的汽车尾部，那名摩托车手则因巨大的惯性从他的汽车顶部飞过，落地后当场死亡。由于心烦意乱，半小时之后，内尔第2次与人撞车，幸好这次未造成伤亡。当天下午4点下班回家的路上，第3次车祸发生了——另一辆摩托车鬼使神差地再次撞中了内尔的汽车。

内尔如今和妻子瓦莱丽居住在英国哈尔地区，开一辆银色菲斯特汽车。2004年12月8日，内尔刚刚经历了平生第127次交通事故——由于一时疏忽，他的汽车掉进了一个2英尺宽的洞中，汽车前灯被撞坏。不过，内尔仍然是大难不死，没有生命危险。这真是一些不可思议的事情。也许是巧合吧。

致命的实验

英国埃塞克斯市的利莎·波特是一个不幸的孩子。她的父亲在一次意外中丧生，利莎·波特是在母亲的辛苦抚养下长大的。不过，利莎·波特的性格并没有因为父亲的去世而变得忧郁，相反，她似乎有一种超强的忍耐力，她变得非常坚强。她的母亲有时候都很佩服自己的女儿，因为，母亲在很多时候都很脆弱。她的母亲一直以来都没有忘记自己已经去世的丈夫，正因为如此，母亲一直都没有改嫁。

利莎·波特就这样长大了。1995年8月，利莎·波特与母亲一起走过埃塞克斯莫茨线铁路的铁道口。她的母亲说："利莎，你的父亲11年前正是在该铁道口被一辆路过的火车轧死的。你肯定不记得了，因为，

行驶的火车

那个时候你还非常小。可是，我一直都记得的，我不想从这里穿过去。"利莎·波特说："妈，别害怕，都已经过去这么多年了。再说，爸爸的在天之灵也会保佑我们的。我们过去吧。"可是，她的母亲拒绝了。她的母亲坚持要改走另外一条路。

但是，利莎·波特觉得如果改走另外一条路的话，会浪费时间。她觉得这是母亲的潜意识里的恐怖在作怪。利莎认为要消除母亲的恐惧心理，自己就应该先穿过铁路。利莎·波特说："妈，这样，我先过去。你再接着过来。"于是她向铁路走去。

然而就在此时，一辆列车突然开过，将利莎撞死。利莎·波特的母亲当场晕过去。

子弹入心大难不死

2004年9月10目下午3时30分左右，家住广州白云区同和镇东平村的李先生到白云山上取水。这本来是一个非常平常的日子，可是，回来的路上，一颗步枪子弹击中了他的心脏。大难不死的他几经转院，终于在南方医院获救。

原来，事情是这样的。10 日下午，从湖南来广州打工的李先生带着 4 岁的女儿像往常一样上山取水。两人取完水有说有笑下山回家时，李先生突然感到左胸一阵剧痛。剧痛使他难以行动，并出现短时休克。他的女儿吓坏了，可是又不知道怎么帮爸爸。几经艰辛，李先生终于慢慢地回到了家中。李先生掀起衣服一看，左胸位置有一个黄豆大小的洞，有少许血丝，他以为被气枪击中。

李先生的老乡闻讯赶来，他知道情况后，曾想用夹子将子弹夹出，因不知确切位置，所以不敢贸然行动。于是，李先生的老乡陪同他到同和镇某医院做了胸部 CT 扫描，结果发现心脏部位有一金属异物。

医生告诉他，如果动手术的话，会有很大的危险。于是，因手术危险系数太高，李先生转院到 157 医院。可是，同样因为手术的危险性太高了，李先生又于 12 日转到南方医院。终于，在南方医院，胸外科的医生将子弹成功取出了。

医生说，遭遇飞来之祸的李先生创造了一个"奇迹"。因为这种情况还能够存活下来的例子非常之少。

目前，这子弹究竟是怎么来的还在进一步的调查中。

子弹射进枪膛

第一次世界大战中，英军二等兵史密斯表现得非常英勇。尽管这个时候他非常想念自己的新婚妻子，尽管他非常想知道父母现在的情况，可是，在这样的战争年代，他的想法只能放在心底里。于是，他抛开了一切私人的杂念，一心想着战争的胜利。他希望自己能够以胜利的姿势站在新婚妻子的面前，而不是什么功绩都没有。他觉得如果是这样的话，就太丢人了。

有一次，史密斯出去巡逻，不小心与战友们走散了。这时候天又黑了，史密斯对这一带不熟悉。他东转西转，却怎么也找不到自己要回去的地方了。他迷路了。

快黄昏的时候，他走到了一个自己从来没有来过的村庄。在一个

威力极大的子弹

非常偏僻的地方，他看到前面大约 50 米外的地方有一个德国兵，机灵的他立刻想把自己隐藏好。可是，这个偏僻的地方除了野草外，没有可以隐藏的地方。于是，史密斯决定把这个德国兵处理掉。他迅速把枪上好子弹，瞄准，准备消灭他。

可是，万万让史密斯想不到的是，那个德国兵其实已经发现了他。德国兵领先一步，首先向史密斯开了枪。德国兵的枪法非常准，他以为史密斯一定死定了。可是，令德国兵没有想到的是，枪响了，史密斯却并没有被打死。

原来，德国士兵的子弹正射进了史密斯的步枪枪膛。这个意外的巧合就这样救了史密斯的命。

现在这支步枪还保存在英国美斯顿博物馆内。

画中凶手

10 世纪末的俄国彼得堡，一位 14 岁的女孩莉萨一个人呆在家中。她的父母都出门买东西了。莉萨觉得不好玩，她有一些后悔没有与父母一起出去。

正在这时，有人敲门。莉萨想起父母的警告：不要随便开门，现在

的坏人很多。于是，她就没有理会。可是，敲门声一直在持续着。而且，有人在喊叫："莉萨，我是你爸爸的朋友，请你开门。"虽然这个声音比较陌生，不过，听说是爸爸的朋友，莉萨就放心了。她走过去，把门打开了。

这个陌生人对还存有戒备心的莉萨说："我是你爸爸的朋友，你爸爸没有提起过我吗？我都知道你呀。"莉萨半信半疑地看着他。陌生人说："我是路过这里的。你倒一杯水给我喝好吗？"莉萨于是转身去厨房倒水。就在这个时候，陌生人从怀里拿出一把斧子把莉萨当场砍死了。

凶手把莉萨砍死后，偷走了莉萨家中许多值钱的东西。莉萨的父母回到家中时，莉萨已经永远地离开了人世。面对这个惨剧，莉萨的母亲当场晕倒了。过了好长一段时间，莉萨的母亲才恢复过来。她非常后悔，是自己让莉萨一个人呆在家里的呀。

画家波叶在一次与朋友的聚会上，从朋友的口中得知了这件事情，觉得非常气愤。于是，出于激愤的波叶画了一幅这一悲剧题材的油画，虚构了一个正要逃跑的凶手的形象。半年后，此画在彼得堡市政府展出时，人群中有人在画前尖叫倒地，浑身抽搐。原来此人正是凶手，他被如此酷似自己的画中凶手惊吓得失去了理智。凶手因此而被捕。

老鼠搬家预报死亡

第二次世界大战后，在纽约从事电影工作的莱蒙德·马西夫妇退掉了旅馆的房间，在东区80号街租了一间房租低廉的房子住下了。

一天，马西夫人从二楼窗口探头眺望，突然瞥见对面房子的地下室许多老鼠倾巢而出，列队窜过马路，拼命朝自己家的方向涌来。

"哟！不得了。怎么回事？怎么会有这么多的老鼠？"夫人很吃惊，赶紧给卫生局挂电话，寻求灭鼠的方法，还从朋友家借来了猫。可是，因为老鼠太多，除鼠的办法不怎么有效。

大批老鼠"搬"进来后不久，一天早上，马西夫人打开报纸，报纸上刊登了富豪 B 夫人自杀的消息，还登了死者的照片。她不禁一愣："啊呀！这

草丛中的老鼠

不是对面楼里的太太吗？那些老鼠就是从她家逃过来的。她干吗要自杀呢？"马西夫人自语道。B 夫人一死，那幢楼房就被拍卖了，那些老鼠又结队"回家"了。

过了些日子，楼里搬来了新主人，是个衣着入时、满头金发的女人。她曾经当过舞女，以后时常有个年轻男人出入她家。一天，这个男人在楼里突然心脏病发作死了。就在他猝死之前，这座楼里的老鼠又一次逃到马西夫妇住的楼里来了。

年轻男人死后，女主人搬家了。奇怪，老鼠又回了"旧窝"。不久，又有个年轻的实业家搬进去住。

很长一段日子，周围太平无事。可是，有一天，又出现了老鼠"搬家"的现象。

"又要发生什么不测了！"马西夫人不由得担心起来。果然，没多久《纽约时报》登出一则消息："一个年轻实业家因飞机失事死亡。""啊！就是对面楼里的房客！早知如此，趁老鼠搬家的时候告诉对方就好了。"夫人深感懊丧。

接连发生不测使人们对这幢楼房望而却步。再也没人敢去租用，只得空关起来。只有那些老鼠重返家园，在楼里肆无忌惮，悠哉悠哉。

据说这幢楼早先是由一个有名的律师出钱建造的。房子造好不久，律师精神失常，住院治疗，但是迟迟不得康复。一天，律师从医院里溜

出来，跳入赫德森河死了。

预知自己死亡的人

1979 年初，西班牙饭店经理卡斯塔尔在梦中听到"3 个月后出生的孩子，肯定是见不到了"的声音。醒来后，卡斯塔尔一直在思索着这个声音。他的妻子已经怀有 6 个月的身孕，这使得他对梦中的这个声音很是恐惧。他确信自己很快将死去的。因为，这个声音是那么清晰。卡斯塔尔天亮后立即投下了 5 万英镑的生命保险。

当卡斯塔尔把这个梦告诉妻子的时候，妻子说他是因为这段时间太累了，所以就胡思乱想。卡斯塔尔温柔地抱着她，他怕自己真的快要死去了。如果是这样的话，她会有多么痛苦呀。

几周后的一天，卡斯塔尔处理完工作后以时速 80 公里的速度驾车回家。途中，对面车道驶来一辆时速 160 公里的汽车撞上护栏，又在空中翻了几个筋斗，恰好落在卡斯塔尔的车上，两车司机都当场死亡。

保险公司向卡斯塔尔的妻子支付了 5 万英镑的保险金后说："按常规，投这样的保险不久就死亡，公司应进行彻底的调查。但是对于这个令人难以置信的事故，没有置疑的必要。因为只要差几分之一秒，他就不会撞上。"此时，卡斯塔尔的妻子早已哭成了泪人。她伤心地说："原来他真的预知了自己的死亡。这太不可思议了。原来，他是怕他死后我没有经济保障才买下生命保险的。可是，他还是把我一个人扔下了。"

第三章　奇闻天下

"死神"也度假

　　美国纽约《阿尔顿晚讯报》的讣告编辑威斯特是一个非常负责任的编辑。他为了自己的工作，大概已经有好几年没有度假了。如果不是因为要结婚，他可能会不再想着度假的事了。因为他的工作太忙了。

　　威斯特的新婚妻子埃娃是一个时尚杂志的美编，非常漂亮。他们是在一次偶然的聚会中认识的。他们两人几乎同时对对方有好感。认识了之后，他们就经常约会了。威斯特非常爱埃娃，所以，对待这份感情他格外用心。追求埃娃的人很多，但是，威斯特以自己独特的魅力打败了对手，成功地赢得美人归。这不，他们现在终于结

美国纽约

婚了。结婚的当天，威斯特问埃娃："追求你的人那么多，你为什么就选择了我呢？"埃娃说："因为你的一心一意。"于是，甜蜜的他们准备

去度蜜月。不过，因为两人的工作关系，他们一直没有办法脱身。

就这样一年过去了。1946 年，威斯特与埃娃终于把自己的工作安排好，并且请到了假。他们高高兴兴地收拾好旅行包去两人都非常想去的地方旅行了。大海边，沙滩上，花儿旁，到处留下了他们甜蜜的身影。在他们度假的一周中，他们真正做到了无忧无虑。

当他们意犹未尽地回到单位的时候，他们都以为等待自己的肯定是一大堆的事情。可是，令威斯特惊讶的是，《阿尔顿晚讯报》竟破天荒地没有接到一例讣闻广告！而平时，该报每周接到的讣闻广告绝不少于10 条！

20 多年的密友是亲兄弟

20 多年前相遇并成为密友的巴尔班和克拉尔竟然是亲兄弟。

克拉尔是巴尔班婚礼男傧相，他曾在一张照片上写下这样一句话："你是我真正的兄弟。"当有关人员在查询收养记录时发现 49 岁的巴尔班和 52 岁的克拉尔真是亲兄弟。这太巧合了。

在船运业工作的巴尔班说："克拉尔和我一直感觉到有一种特殊的关系。可是，我们一直不知道是一种什么样的关系。我们更没有想到，我们竟然会是亲兄弟。"他说，他们是在一间酒吧相遇，而且立即成了好朋友。

据《扬子晚报》报道，3 年前，一名男子因健康原因与州政府官员联络，要求查询他的收养记录。这名男子还发现，他是被父母抛弃的 9 个孩子之一。儿童与家庭部的社会工作者西特利找到有关的档案记录，决定与其他 8 个孩子联络。她首先联络的是克拉尔。克拉尔得知他是被领养的消息后非常吃惊，因为收养他的父母一直没有告诉他真相。于是克拉尔对西特利说："我最好的朋友也是被人领养的，我想请你帮忙查询一下他的情况。"

　　然后，西特利问："你的朋友叫什么？"当克拉尔告诉她时，她沉默片刻后告诉克拉尔，他25年的好朋友是他的亲兄弟。这个消息让克拉尔非常意外。

　　更让克拉尔意外的是，他还发现，他的一个工作伙伴是他的另一个兄弟。而他曾约会过的一个女孩子是他的妹妹。而且，他们之间的感情还一度很深。

　　美国全国广播公司也播出了这个巧合的家庭故事。

读"奇书"顷刻成富翁

　　一位年轻的穷学生，只因读完了一本书后，顷刻间便成了一位百万富翁。世间会有这么好的事情吗？当然有。

　　1922年，一个名叫贾因·保罗·拉柯斯特的年轻人拿着一封介绍信，忧心忡忡地走进罗马佛奇康图书馆，求见馆长班尼·梅尔卡神父。他自幼丧父，家贫无力供他完成自己的学业，于是前来求神父介绍职业，以获得学费。梅尔卡神父刚好外出不在，贾因只有耐心等待。会客室毗连的便是参考图书室，里面满满地存放着各种书籍。贾因信步走在书架中间，浏览着书的标题。其中有一本书引起了贾因的兴趣，这是一本皮革封面的精装书，由于年代久远，封面稍有点脏

人类进步的阶梯——书籍

污，这是本《动物学》，1870 年出版，作者是爱弥儿·费布利耶。贾因随便翻了几页，感到内容挺有趣，便索性坐下来从头读起。谁知一读便欲罢不能。读到倒数第二页了，书页的天头上有红墨水写下的字："本书的作者致陌生的读者：你本人可以直接到罗马的派拉兹继承法院去，请求取出 LJ14675 号文件，这文件将使你获得料想不到的幸运。E·F 谨启。"

这是个什么样的谜？这可不可信呢？是不是骗人的呢？贾因百思不得其解。"不过，"他想，"即使是上当，也不过是白跑一趟罢了。说不定，还真会有意外的收获呢。"想到这里，他便离开图书馆来到了继承法院。

他说明来意后，法院的文件保管员递给贾因一个信封，里面就是 LJ14675 号文件。打开信封，文件之外还有一封信，上面写道："我著作的陌生读者：我是你已读完的这本《动物学》的作者。这本书我耗费了毕生的精力，出版之后却没有人肯读一遍；亲友之间多少也有夸奖的人，但他们也只是夸奖，却不肯读。我恨透了这些人，于是把著作全部付诸一炬，惟留下一本赠予佛奇康图书馆。而现在，你却从头到尾读完了我写的书，这无论是过去还是今后，大概只有你一个人做到这一点。附在信外的文件，是我的遗嘱。为了报答你下苦心从头到尾读这本书的功劳，我把我的全部财产馈赠予你——第一个从头到尾读完我著作的人。爱弥儿·费布利耶。"

于是，贾因在欣喜若狂之余把这个情况向法院作了反映。1926 年 5 月，罗马最高法院作出判决。这一判决的结果是使一位年轻的法国穷学生贾因·保罗·拉柯斯特一蹴而成为拥有 400 万里拉财产的富翁。

就这样，贾因只因读了一本"奇书"，顷刻间就成了富翁。

开枪自杀医好顽疾

24 岁的青年亨利·芬克患上精神病已有 14 年之久，他的行为怪诞，无法自制。正因为如此，他如今仍然没有女朋友。其实，他是有一个心上人的，但是他觉得自己配不上人家，因为他不是一个正常人。

有一天，他在街上碰到了他喜欢的这个女孩子。这个女孩当时正在与一个很帅的男孩道别，男孩拥抱了这个女孩，并且吻了她。女孩的脸笑成了一朵花。男孩说："明天见。"就离去了。女孩还在看着这个男孩的背影不愿意离开。这一幕被亨利·芬克看在了眼里。亨利·芬克感觉自己的心非常痛，一时间，他觉得自己的人生真的已经没有任何意义了。

回到家里，他谁也不理睬，把自己关在了房子里。他找出了自己曾经买来的手枪。这把枪他还从来没有用过，可是，如今，他想让这把枪来结束自己的人生。他觉得自己如果再活着真的是太悲哀了。他不能拥有自己心爱的人，不是说不行，而是他根本就没有这个权利。他想如果继续这样活下去对自己没有一点好处。可是，其实，他是多么舍不得这个世界呀。他还什么都没有享受过。

就在这个时候，他的病痛又发作了。由于不堪忍受病魔的缠绕，他竟然真的向头部开枪自杀了。不料这一枪不但没有夺去他的生命，反而歪打正着，医好了他的脑部顽疾。射入脑部的子弹

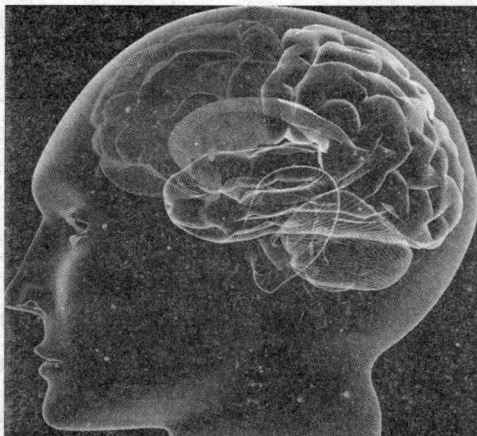

神奇的大脑

至今仍留在他的头内，然而却使他变成了一个正常的人。

连连巧合

一个冬天，路面结了冰。一个大夫因为有事，所以开车快速行驶。突然，车子撞在一棵大树上，一连翻了三个跟斗。

使大夫感到惊讶的是，他居然没有受伤。他觉得非常高兴。于是，他从车子里爬出来，心想，真是不幸，我还有重要的事情要办呢。这可怎么办呢？车子肯定要大修了，还是先找个地方打电话叫修理工来抢修车子吧。于是，他抬头四处看，他看见附近有几户人家，便朝那个方向跑去。

屋子里走出一个妇女，认出了大夫，说："唷，怎么这么快？刚打完电话你就来啦！你是坐哪一种名牌高速车来的？我刚从窗口看到外面有辆汽车出了事，想必司机已经头破血流，不省人事了，所以我赶紧打了个电话请你火速前来。"

"真巧，出事的就是我。不过，我没有头破血流，我还好好的。不过，我的车子可要大修了。所以，我是来打电话叫汽车修理工的。"

"修理工？你怎么知道这儿就是修理工的家？你原来到过这里吗？"妇女惊叫道。

"这里就是修理工的家吗？那真的是太好啦！这下子不用我跑很多地方，也不用我等很久了。刚才我还在担心会误了我要赶去做的重要的事呢。真巧。不过，修理工现在在哪儿？"

"唉，"她指着公路上，说，"他一见汽车出了事，就抄近路赶去了。瞧，他来了，他把车子开到这儿来了。车子没坏。"这一连串的巧合，使得大夫也呆了。

母子 60 年后相会

伦敦的安·巴克菲尔德夫人为了给 12 岁的孙子买一辆合意的自行车，便去翻电话簿。她的孙子非常调皮，可是给她带来了无穷的乐趣与幸福，所以，无论什么事情，安·巴克菲尔德夫人都会尽量满足孙子，为孙子做到最好。

安·巴克菲尔德夫人从电话簿里找到一家叫做伍尔西的自行车店，她和 60 岁的店主唐纳德·伍尔西讨价还价时，大谈姓氏的巧合。原来，巴克菲尔德夫人未嫁时就姓伍尔西。安·巴克菲尔德夫人还告诉了伍尔西自己以前的很多事情。就这样，两人聊得很欢。可是，随着对店主的了解，她发现店主原来就是她在 60 年前未婚时生下而送给人家的亲生

人类的代步工具——自行车

儿子。这是她万万没有想到的。自己都觉得太不可思议了。

不可思议的事还有，那就是唐纳德和他的妻子每天开车去上班时，都把汽车停在巴克菲尔德夫人的家门外，然后转乘火车到店里，他根本不知道那一家竟是他母亲的家。

其实，唐纳德一直在想念不知下落的母亲，虽然他觉得自己的母亲太狠心了。可是，现在想一想，觉得母亲这么做其实是可以宽容的。毕竟，那是她在不得已的情况下才这么做的。他对自己的妻子也讲过这件事情，妻子鼓励他去找自己的亲生母亲，但是，唐纳德担心母亲婚后不愿丈夫知道她曾未婚生子，因此拿不定主意去寻找母亲。这次买自行车

的偶然事件，竟使一别 60 载的母子团圆。

两人哭泣着拥抱在一起。他们都为这一场命运的安排而由衷地高兴。

凭直觉找到了失踪 6 年的女儿

着火的房子

6 年前的一场大火，不但烧毁了美国费城一家人的房子，还将一个出生仅 10 天的女婴"烧成灰烬"。但 6 年后，女婴的母亲科瑞丝竟凭着"母性的直觉"找到了"复活"的女儿，并最终找到了当年纵火的疑犯。

31 岁的科瑞丝是在一个朋友的生日派对上发现了她失散 6 年的女儿的。看到小女孩的第一眼，科瑞丝就呆住了：可爱的酒窝、美丽的黑发、似曾相识的眼神。她有一种强烈的预感："眼前的小女孩就是我的亲生骨肉，我必须证明这一点。可是，该如何证明呢？"

科瑞丝曾看过通过基因检验进行亲子鉴定的电视节目。于是，她走上前，亲切地对小女孩说："你好，你长得真漂亮。你的头发简直美极了。"然后，她装着去看小女孩的头发，装作意外地说："哦，亲爱的，你的头发上沾了口香糖，我帮你弄一下吧。"于是，科瑞丝借为小女孩整理头发拿到了小女孩的 5 根头发。科瑞丝找了一张干净的餐巾纸，小心翼翼地将头发包好，装在塑料袋内。

DNA 测试证明，小女孩果然就是科瑞丝的女儿。科瑞丝因此报警了。因为科瑞丝的发现，警方不得不对当年那场火灾重新调查推断。当初曾认为是短路造成失火，小女孩已被烧成灰烬，现在看来，是狡猾的犯罪分子将孩子偷走后，故意制造火灾，企图永远掩盖罪行，把孩子变成自己的"亲生骨肉"。

因找到女儿而万分激动的科瑞丝也向媒体说出了久藏在心中的疑点："当我冲进了女儿的房间后，床上什么都没留下，但我发现，一扇窗户竟然是开着的，而当时是冬季。

另外，在我女儿出生后没几天，住在新泽西州的亲戚克芮就远道来访，并称她自己怀孕了，火灾当天，克芮还来过我家，但此后再未上门，直到在那个派对上重逢。"

全村"一张脸"

在印度马德拉斯邦班加罗尔城南部，有一奇特的村庄——哈拉贡南村，全村 237 人的脸竟长得一模一样，使人类学家为之惊讶不已。

德国著名的人类遗传学家比哈尔兹称之为"无系别现象"。比哈尔兹描绘他们的长相时说："他们具有共同的特征，即都长着一个圆锥形的鼻子，眼眉骨明显地凸起，都有厚厚的嘴唇，唇下都有皱纹。可以说，在他们之间没有任何特征，这是目前遗传学所无法解释的。这真是一个奇迹呀。"

不过，考察队中的一位化学分析师在对当地的土壤和饮水进行分析后发现，当地的土壤和饮水中含有不少铂元素和铋元素。许多科学家认为，这类元素能改变怀孕妇女的细胞，影响胎儿的发育，这很可能是造成这种无系别现象的原因之一。然而，更大的可能也许是哈拉贡南人同族通婚的缘故。

"大家脸都长得一样，彼此如何交往呢？怎么认识对方呢？是不是经常会搞混？"考察队员问村里的人。

交谈中的印第安人

村里一位81岁的老妇人英迪拉·凯勃说："我们不靠脸去辨别人，我们只需听听说话声音、看看走路的样子就能辨认出是谁了。因为每个人说话的声音是不一样的，走路的样子也不会完全一样。"她还解释说："其实，我们还是有区别的，有长得高的，有长得矮小的；有长得胖的，有长得瘦的；有老的、少的，有男的、女的。再说，我们穿的衣服的款式、质地、颜色和饰物也不同，所以，我们互相辨认起来根本不困难。"

这究竟该如何解释呢？这种巧合太不可思议了。真希望科学家们早日揭开这个"全村一张脸"的奥秘。

闪电奇闻

著名的法国天文学家弗拉马里翁曾经说过："任何一出戏剧，任何一台魔术，就其壮丽的场面和奇特的效果而言，都无法同大自然中的闪电比美。"这位科学家在一生中对无数电击现场作了调查。我们不妨摘要介绍一下：

在法国某个小城市里，闪电把站在一棵菩提树下躲雨的三名士兵击毙了。他们仍然站着，好像什么事情也没有发生。雷雨过后，行人走上去同他们搭讪，听不到回话，便触了触他们的身子。结果，三具尸体顿时倒地，化成一堆灰烬！

许多被闪电击毙或者震昏的人往往会失去毛发，头顶全秃。还有一些场合，发现闪电烧毁了衣服，可是皮肤却没有灼伤。更有这样的怪事，闪电把内衣烧了，而外衣倒完整无损。

闪电常常会把人们手里的东西"抓走"，扔到很远的地方。比如，有一次，在下雷雨的时候，一个人想拿起茶杯喝水。忽然电光一闪，茶杯飞到了院子里。结果倒还好，人没有受伤，杯子也没有摔坏。还有一次，有个男孩子扛着一把铁叉从田里回家去，闪电猛地把铁叉"拉走"，甩到五十米开外的地方。可是男孩子没有受伤。

有许多事实证明，电击会在人身上留下各种金属物的印记。在奥地利，有位名叫德莱金格的医生住在维也纳市郊。一次，他乘火车回家，等到走出车厢，他发现钱夹给人偷了。钱夹是用玳瑁制的，面上用不锈钢镶着两个相互交叉的大写"D"字，这是德莱金格姓名的缩写。当晚，医生被叫去抢救一个被雷电击中的外国人。那个人躺在树下，已经奄奄一息了。在给他作检查时，医生突然发现那个人的脚上赫然印着两个交叉的大写"D"字，同钱夹上的字母一模一样。结果，就在外国人的口袋里找到了那个失窃的钱夹。

自然界的闪电以枝状闪电最为常见，此外，还有像一道虚线似的联珠状闪电，像一节节飞升的火箭似的火箭状闪电，像整块云都在闪光的片状闪电……而其中最罕见，最引起科学家注意的是球状闪电。

在苏联某集体农庄，有两个孩子在牛棚的屋檐下躲雨。突然，他们发现在屋前的白杨树上出现一个橙黄色的火球。它在树枝上跳来跳去，最后一跃到地，直朝牛棚滚来。火球好像烧红的钢水似的，不断冒着火星。孩子们吓

闪电

得一动也不敢动。当火球滚到他们跟前时，年幼的一个孩子突然踢了它一脚。轰隆一声，奇怪的火球爆炸了。孩子们给震倒在地，不过没有受伤。可是在牛棚里的十二头奶牛却只有一头幸存。

回顾两百多年前，当美国科学家富兰克林首次用接着金属导线的风筝探索闪电的秘密时，人们对这种自然现象的认识是多么肤浅。现在，科学家不但在理论上找到了它的成因，而且能在实验室里人工地制造闪电，并开始把它用在生产上，甚至还借助它创造了最新的"起死回生"的奇迹。

我们相信：随着科学的发展，大自然中闪电的种种奇闻、种种巧合现象，它留下的许多谜，终将获得完满的解释。

四马同喜

2002 年是中国农历的马年，古代中国人对马可谓情有独钟，往往将自身境遇与马类比，如："人贫志短，马瘦毛长"、"路遥知马力，日久见人心"、"好马不吃回头草，好汉不走回头路"等等。在十二生肖之中，马是最能使人类产生认同感、最容易引人自比的动物。几乎没有人不喜欢马的。

天津动物园正门

在马年的新春里，天津动物园河马、斑马、野马、果树下马四个"家族"中各有一名于马年之中产仔的"孕妇"，这一现象是天津动物繁殖史上一个极为惊奇有趣的巧合。

现年 24 岁的母河马"七儿"是天津动物园园龄最长的"马",自 1980 年从日本神户来到天津后,就成为这里首批"居民"。正因为如此,母河马"七儿"受到大家格外的"宠爱"与"优待"。

这只母河马"七儿"在与来自非洲的性情憨厚、体型慓悍的野生公河马的长期相处中,互相产生了"好感"。终于有一天,公河马向"七儿"求爱,两只马就这样结为"伉俪"了。

两只马结为"伉俪"后,一直比较地"恩爱"。到目前为止,已成功繁殖了 10 胎。恰逢今年的"本命年"里,"七儿"又一次怀孕,令所有的人们都喜出望外。大家都喜笑颜开,都觉得这是一个非常巧合的奇迹。

一向被人们视为珍宝、誉为活化石的一对已进入性成熟期的野马"夫妇"也是人们关注的对象。这对野马"夫妇"同样不负人们的"厚望",也于 4 月中旬的一个夜晚产下野马宝宝,创下野马在天津繁殖史上首例成功的纪录……

九个巧合的一对新人

2003 年 10 月 18 日,中国南京市有一对"同年、同月、同日、同产房出生"的"四同"新人,完成了终身大事。两人打趣说,要把这个"四同纪录",拿去申请吉尼斯世界纪录。

宗成和左玲自从出生就有解不开的缘分,双方母亲十月怀胎后住进了铁道医院产房,宗成与左玲前后脚同时来到了这个世界,大人们见状打趣道:将来如果结成夫妻就好了,不料这个无意打趣却真成现实。恋爱季节的宗成和左玲自第一次见面起就一见钟情,虽然工作不同,所处的环境也相异,但两位性格内向的人私下里总有说不完的话,两年来情投意合,喜得双方家长合不拢嘴。

这对"四同新人"终于步入婚姻殿堂,在江南大酒店摆下了 17 桌酒

喜庆的结婚场景

席。奇特的往事使得主持人从晚上六点一直说到了七点多，横生的趣事成为了最好的"开胃"作料，不时掀起亲朋好友们阵阵笑声。婚礼上当年为他们接生的医生宣读了证婚人"证词"，医院院长还给他们送来了祝贺的鲜花。在一阵阵高潮之中，有心人细数了一下，"四同"竟变成"九同"：同一个医生接生和证婚、同一个介绍人、母亲还同名。宗成的家人表示，这"九同"不仅代表着一段难忘的历史，更是这对新人新生活的开始，为此他们准备向有关机构申报世界"婚庆吉尼斯"，让世界见证这段奇缘佳话。

阴差阳错

俗语说"无巧不成书"，但书里离奇的巧合往往是著书人编造出来以吸引读者的兴趣的。不过，生活里的确也有许多不可思议的巧合。下面的这个小故事，就是发生在英国的真人真事。

哈利·赫里凯恩和吉姆·穆尔两兄弟感情非常好，两人从来不会为了一些小事情争吵。1930年，哈利·赫里凯恩和吉姆·穆尔两兄弟一起从军，进入肯特郡的查塔姆兵营。后来军队把他们调往不同的军营，从此兄弟俩分道扬镳，不知彼此下落与生死。

两兄弟自从分开后一直在寻找对方，他们用了各种各样的方式。但是，一直没有找到对方。一年又一年过去了，两兄弟都以为再也找不到对方了。甚至心里作了最坏的想法，即对方已经在战争中去世了。

在此事 52 年后的 1982 年，有一封寄去吉姆老家——乌波拉夫村的圣诞卡，被邮局阴差阳错地夹在了另一张寄往新西兰首都惠灵顿给哈利的圣诞卡内。哈利收到那张圣诞卡后，觉得乌波拉夫村名字似曾相识，但他又实在想不起在哪里见过，更不用说是在哪里了。

哈利在把那张圣诞卡转去时，顺便在卡上附条问对方认不认识吉姆·穆尔这个人。他这样做时并没有真正地想到吉姆·穆尔还存在这个世界上。只是，他不想放过任何一个机会。

凑巧的是，收信人正好是吉姆的邻居。当邻居把这个圣诞卡给吉姆看时，吉姆高兴得眼泪直流。他在感谢这位邻居的同时，又在心里感谢命运的巧合。如果不是这意外的巧合，他也许永远也见不到自己的亲兄弟了。

于是，这对离散 52 年的亲兄弟终于又相会了。

恩爱夫妻 20 多处相同

在南京有一对中年夫妻，他们有 20 多处相同点。

这对夫妻住在朝天宫附近的张公桥小区，丈夫叫余建林，妻子叫江根红。在他们家，记者首先看到的是他们的身份证，出生年月都是 1960 年 12 月 13 日，身份证号码也基本相同，只有最后一位区别性别的号码不一样。

余建林说，他们夫妻俩的经历有着神奇的相同之处，发现两人有很多相同点后，他们曾经经过反复的求证和核实，结果表明他们不但是同年同月同日在同一家医院同一个产房出生，而且几乎是同时来到这个世上的，都是早晨，先后进产房，只相差不到 5 分钟。

除了上面的"七同"外，他们还同血型、同托儿所、中学同校同届、同学历、同职业、父亲同单位同部门、母亲同单位同职业、在家同是排行老七、两家老大同届同班、两家同是八兄妹而且兄妹间出生相隔年数相

恩爱的夫妻

同，除了有这些相同点外，更神奇的是夫妻俩在右侧颈部都有一个相同的肉痣，昨天记者看他们的肉痣，竟然长的位置以及大小也基本相同。有趣的是，这些相同之处没有一处是"刻意设置"的，都是"天然形成"的。

或许是因为两个人身上有太多的相同之处，他们都特别珍惜这份缘，每次下班回来，两个人都是抢着做家务，有了女儿后，他们从自己的名字中各取一个字，给女儿起了一个很特别的名字：余江。

都是会计的夫妻俩说，同年同月同日生的人有许多，但能成为夫妻的就很少了，像他们这样有这么多相同之处的就更少了，但他们觉得除了缘分外，更多的是相互的理解和体谅，因为再好的缘分也要信缘的人去呵护。

女孩遇到同名同姓同年同月同日生的男孩

茫茫人海，遇到与自己同年同月同日生的人，实属难得；如果这个人还与自己同名同姓那简直就是奇遇！可是，这样的奇遇还真的就有。这不，一个国庆到厦门旅游的广州小女孩，就意外地遇到了这么一个和自己"五同"的厦门小男孩。

刘先生是广州人，国庆期间和太太带 8 岁的可爱外甥女朱凡驾车到厦门旅游，他们玩得非常开心。可是，假期即将结束，这一天是在厦门逗留的最后一天。

中午，刘先生与太太、外甥女一行 3 人在彩虹花园一家"登高溪渔馆"就餐。国庆期间，大家都出游，所以餐馆人特别多。刘先生看了看，竟然找不到一张没有人的餐桌。于是，3人只得找了一张已坐了一家三口的大餐桌坐下。

同桌是厦门本地人，是一对夫妇带了一个八九岁大的小男孩。等菜的间隙，两个小孩年纪相仿，很自然地打起招呼，笑笑。"朱凡，和这个妹妹好好玩。"男孩妈妈随口一句叮嘱。刘先生夫妇顿觉惊奇：这个小男孩竟和外甥女同名同姓，细问，果真是同样的两个字。这样的巧合使得大家都非常意外与开心，于是，双方都聊起来。闲聊中，双方家长又发现，两个小"朱凡"竟是同年同月同日出生，都是1995年农历第二个八月十五日。

"按农历算法，1995年有两个八月，第二个八月称做闰八月，要19年才轮一次。"刘先生说，因此侄女的生日十分特别，19年才能轮到一次真正的生日。从小到大从没遇到过同天生的人。没想到，竟在厦门遇到了在同年闰八月同日生的小孩，连姓名都完全相同，真是难得的缘分！这样的巧合意外地令人难以相信。

两家人都谈得非常地开心，吃完饭后还聊了很久。两家人约定明年羊城再聚。

一家四代同月同日生

美国一个家庭四代同月同日生，这项稀奇而罕见的巧合平了"吉尼斯世界纪录"。

在现代社会中，四代同堂的家庭已属难得，四代同月同日生的情况更是罕见现象，美国威斯康辛州密尔瓦基市居民希德布兰就遇上这种难得的巧合。

希德布兰于23日出生的儿子雅各与希德布兰本人、希德布兰的母亲及外婆皆于8月23日来到人间。

　　这个家庭已将此事告诉吉尼斯世界纪录的工作人员，他们会把雅各的出生列入四代同月同日生的纪录。根据吉尼斯纪录，另外两个四代同月同日生的家族为1982年7月4日出生的美国人威廉斯及其家人以及1997年3月21日出生的芬兰人特雅迪。

　　8月23日满35岁的希德布兰与妻子金姆表说："我们儿子的出生绝对没有事先计划，而是巧合中的巧合。我们谁也没有想到真的会有这么巧合的事情。虽然我们非常希望会有这样的巧合。"原来，他们的儿子雅各出生的时间不迟不早，刚好在预产期8月23日。

　　希德布兰的亲人原本就为家族中有3人同月同日生而高兴，金姆分娩前，他们也盼望新生儿能让同月同日生的亲属增加到4人。不过，他们问了主诊医生，主诊医生告诉他们说，只有5%的新生儿会按照预产期的日子准时出生。

　　希德布兰与妻子金姆对儿子在这个特别的日子来到人间感到分外欣喜。金姆在分娩后说："真是不可思议，婴儿就是要在今天出生。"

买下他人误打彩票中500万大奖

　　两位彩民在同一个福彩销售站点买走了两张彩票，这两张票的打印时间仅相差8秒，但竟然不可思议地同时获得了500万大奖：2004年12月1日和12月2日，随着"双色球"第2004108期四川泸州的两个500万大奖得主的分别亮相省福彩中心，两张500万中奖彩票的来龙去脉才"真相大白"。

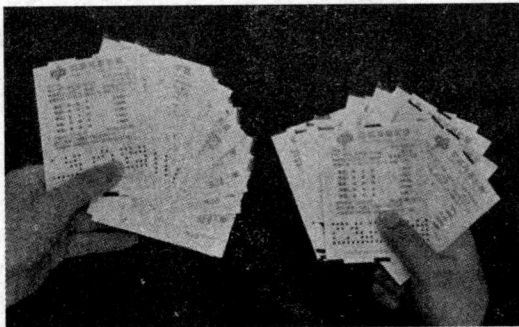
彩票

　　12月1日赶来领奖的陈先生称，他买彩票时，站点销售人员说："你要买彩票呀，我手中正好有一张被别人舍弃的彩票，你看你要不要？"一贯喜欢"捡懒"的他说："是吗？那给我吧。"于是，他便直接从销售人员手中买下了这张彩票。没想到，别人不要的彩票，他竟然中奖了。这个意外让他非常地惊喜。陈先生说，自己一直坚持买彩票，可是，一直没有中过什么大奖。不过，他一直觉得自己总有一天会中奖的。这次意外的惊喜，使得陈先生再一次坚信了自己的感觉。

12月2日，另一中奖者王师傅来到成都领奖。当记者问到他时，王师傅说，当期他拿着自己精心选好的几注号码来到站点投注，但当销售人员打出了一张包含5注号码的彩票后，他却发现其中的1注号码输入有误，于是要求销售人员重新打票。销售人员也没有说什么，就给他重新打票了。可是，谁知道，这期的500万大奖就同时隐藏在这前后两张彩票中，而被王师傅认为错打的这注号码其实并没有影响到500万的产生。这使得王师傅自己也觉得意外，同时又有些惋惜。

第四章 生命中的离奇巧合

不可思议的双胞胎

美国的孪生同胞约翰·斯普林格尔与约翰·刘易斯的母亲是一个单身女子。她因为疯狂地爱上了一个人，而执意要为他生下本不应该生下的孩子。生下孩子后，孩子的父亲就再也没有出现过。可是，她也不恨他，她理解他。而且，因为这是她自己的选择，所以她也没有什么话可以说的。可是，因为她的经济状况，她不得不把自己心爱的一对双胞胎约翰·斯普林格尔与约翰·刘易斯送给了别人。这使得她非常地伤心。为了让兄弟俩长大后能够相认，她在他们的脖子上都挂了一个一模一样的玉。这两块玉是她妈妈传给她的，说是家里的传家宝。

就这样，约翰·斯普林格尔与约翰·刘易斯在降生后尚未满月就"各奔了东西"。

39年之后，他们因为一个偶然的机会相见。当他们聊起来时，才发现两个人竟然是孪生兄弟。两个孪生兄

可爱的双胞胎兄弟

弟高兴地拥抱在一起了。

　　他们一起到酒吧里喝酒聊着这么些年来各自的经历。约翰．斯普林格尔说："我开始的时候与一个叫琳达的女人结婚了。可是，我们两个人的性格差别太大，根本无法两个人生活。于是，我们只好分手了。分手后，我们之间仍然保持着联系。后来，我遇到了贝茜，也就是现在的妻子。我现在的妻子非常好，我很爱她。我们已经有儿子了。"

　　当约翰·斯普林格尔说自己的结婚经历的时候，约翰·刘易斯的眼睛睁得大大的。约翰·斯普林格尔问他："你为什么这么惊讶的样子？有什么不对的吗？"约翰·刘易斯惊叫着说："天啦，这太不可思议了。我的前妻也叫琳达，我们也是因为性格不合而分手的。后来，我们也还保持着联系。而且，我现在的妻子也叫贝茜。我们现在的生活也非常美满。天呀。"

　　约翰．斯普林格尔也惊讶地叫起来："天啊，太巧合了。我们现在已经有两个孩子了。我的大儿子叫詹姆斯·阿伦……"

　　"你说什么？你的大儿子叫詹姆斯·阿伦？天啦，我的大儿子也叫詹姆斯·阿伦。为了这么多的相同，我们干杯。"兄弟俩高兴地干起杯来。

　　在他们深入地交往后，他们又发现了另外两个相同点：他们各有一辆同一型号的湖蓝色高级宝马轿车，还各有一只名叫"伊"的法国名犬。真是太不可思议了！

罕见四胞胎

　　35 岁的达娜·卡尔森结婚四年多了，一直想要个孩子，但始终没能成功，但是一旦成功却把生育专家吓了一跳，她居然怀上了四个孩子，而且更为奇特的是其中两个是人工授精怀上的，而另外两个孩子则是自然怀孕怀上的。

　　由于多年没有怀孕，去年春天卡尔森夫妇决定求助医学专家，于是

可爱的四胞胎

美国斯坦福大学的妇产专家们对他们采取人工授精法,他们取了卡尔森先生的精子和卡尔森太太的卵子在试管中受精,然后把两个受精卵置入达娜·卡尔森的子宫中,两个受精卵居然都成功地着床了。

肚子里的宝宝一天天在长大,达娜按医生吩咐去做超声波检查,可是让医生大吃一惊的是他们居然在达娜的子宫中发现了4个胎儿!他们一直认为能发现两个呢,因为他们清楚地记得只给达娜放置了两个受精卵。医生后来发现,就是在医生取出达娜的卵子进行试管受精的那一天她也自然怀孕了。

斯坦福大学的妇科医学和产科学副教授阿明·米尔基博士说在从达娜体内采卵的那一天,躲在她输卵管里达5天之久的一个精子与她的一个卵子结合了,而那个卵子也是采卵进行试管受精过程中的一个"漏网之鱼",之后这个以自然的方式成功的受精卵裂变成两个,发育成了两个胎儿,加上人工授精的两个胎儿,达娜最后怀了4个。

在谈到达娜好几年没有怀孕为什么偏偏那一天又怀孕了时,米尔基博士说那是因为凡是接受人工授精的妇女都必须提前一段时间服用促进生育的药物,这使得达娜体内的雌激素水平上升,从而为精子与卵子的结合创造了很好的条件。

采卵5天后,也就是说在达娜不知不觉怀孕了5天后,医生又把两个受精卵置入到她的子宫中,完成了人工授精的过程,当然,医生当时并没有意识到达娜已经怀孕。米尔基博士感叹道:"真是不可思议,4个胎儿居然都成活了,而且都非常健康,这种机会真是百万分之一。"

达娜住了6个星期的院后终于生下了4个健康的婴儿。

谈到达娜的故事,米尔基仍是感叹不已,他说卡尔森一家的故事是少有的,而且也是美好的,因为毕竟有了一个幸福的结局,要知道怀4

胞胎的孕妇中有一半多要提前 10 周生孩子，而且还伴随着许多并发症，而达娜居然万事大吉。

卡尔森夫妇激动地说，尽管他们没有那样期望，但他们家一下子成了一个大家庭仍让他们感到幸福。

怀孕仅 22 周顺利产下六胞胎

一名葡萄牙妇女在怀孕仅仅 22 周后，于 2002 年 2 月 10 日在葡萄牙首都里斯本的一家妇产医院顺利地生下了六胞胎。

由于是早产，这 6 个小家伙（三男三女）的体重最小的仅为 408 克，最大的为 563 克，目前正处于特别护理之中。阿尔弗雷多·达·科斯塔妇产医院的医生说，头 48 个小时对小家伙们的生命至关重要。全球各地曾有大约 109 名妇女生过六胞胎，但六个孩子都能最终活下来的还不多见。医生说这就要看小家伙们的运气了。不过，看现状应该是不会有什么问题的。因为这六个小家伙现在状态良好。

这名叫伊达利娜·桑托斯的 31 岁妇女来自马德拉岛。此前，她已有一个 8 岁大的儿子。几年前，她曾怀有三胞胎，但由于怀孕并发症，最终不幸流产了。

此次生产前，医生曾建议桑托斯说："你不如进行流产手术，只保留两个胎儿，以便他们出生后能更好地存活下来。因为，六个胎儿有很大的危险性。能不能顺利生下来，能不能存活，都是一个未知数。"但桑托斯拒绝了这一建议，她说："不可能，我不可能做流产手术。我让想自己的六个孩子顺利地生下了。如果做流产手术，只保留两个胎儿的话，我以后肯定会后悔的，也会非常伤心。我不能这么做的。"

不过，对于桑托斯来说，如何养活这些孩子还真是个大问题，因为她丈夫只是个木匠，月收入只有 350～400 欧元（约合 305～350 美元），而她本人则是家庭主妇。不过，桑托斯表示，无论如何，她都会让自己的孩子们健健康康地成长。她说尽管目前经济条件不好，但是会好起来的。

孪生姐姐感同身受

2000 年 9 月 28 日中午，台北市发生一双胞胎的妹妹猝死、姐姐闻讯 20 分钟也出现求生意志薄弱的奇事。

这对孪生姐妹关系非常好，两人在母亲眼中相当于一个人。小时候，

孪生姐妹

姐妹俩一起上学，一起下课，甚至一起喜欢上了她们英俊的班主任。她们两人喜欢穿一模一样的衣服，做一样的发型，穿一样的鞋子，这使得父母有时候也经常犯糊涂，也分不清究竟哪个是姐姐，哪个是妹妹。不过，她们长大后结婚了，就没有再住到一起了。当然，她们有时候会相约一起回家，看望父母。

这天中午，孪生姐妹刚好在父母的家里。她们一起在原来住过的屋子里玩耍，聊天。孪生中的姐姐突然发现身体不好的妹妹口吐白沫，眼神涣散，便赶紧叫来爸妈送她去医院。可是，因为没来得及，妹妹终于不治而亡。当爸爸告诉姐姐妹妹已经死了后，姐姐突然就眼神呆滞，并且不再说话了。她的爸妈害怕极了，也把姐姐送进了医院。平时宝贝她们的爸妈急得直哭。

记者经过采访了解到，这对双胞胎不仅长得像一个模子出来的，而且，走路姿势相像，连抽的烟都是同一个牌子。虽然现在她们各有家庭，不住在一块儿了。

　　精神科医师告诉记者说，双胞胎之一若猝死，另一方常常会产生厌世的念头。尤其是同卵双胞胎，基因和生长环境都一样，情感连接比一般兄弟姐妹还强，常常会出现"感同身受"的情况。

孪生姐妹爱上同一个人

　　在同卵孪生子中相似性最大的，莫过于英国约克城的一对孪生姐妹。

　　这对孪生姐妹的相貌、性格、思维、行动和爱好完全一样。她们都长得非常漂亮，有着一头金黄色的头发。她们的眼睛同样大大的，她们对待事情都比较执着。而且，她们的爱情观、人生观几乎都是一模一样的。

　　对外界事物，她们几乎异口同声地表达她们的感情。而且，她们的声调都一样。甚至走路时，手脚的动作也相同，说话时打手势以及手所指的方向也是一致的。她们如此地相似，所以父母经常弄不清楚到底谁是姐姐，谁是妹妹。

　　如果有人想把这对孪生姐妹分开，她们会不自觉地哭个不停。她们无论做什么事情都要在一起做，一起上学，一起下课，一起出去玩耍。她们几乎没有一个人独处的时候，因为，她们都不希望一个人单独活动。

　　为使她们能习惯各自分开活动，三十年来，她们的父母跑了许多医院，但是，无论怎么努力都无济于事。

　　更有趣的是，这对孪生姐妹一天一起坐出租车，出租车的司机长得非常帅气，她们同时喜欢上了他，并且事后经常与这个司机约会。这个司机也没有说自己究竟喜欢哪一个，就这样与她们姐妹俩交往着。时间一天天地过去了，这个司机闹到后来自己也不知道该如何处理这件事情。因为她们姐妹都疯狂地爱着自己。于是，为了避开麻烦，这个司机与别人结了婚。可是，这对姐妹经常尾随他，有一次，她俩竟然躺在这位司机的汽车前面，以示"抗议"。

孪生同胞神秘的心灵感应

弗吉尼亚州的孪生姐妹之一鲁思·格罗费说：我和我的孪生妹妹南希，年轻时都在纽约州奈亚克中学读书。有一次我们一起参加考试，有六个考题可供选择。监考人从这张桌子走到那张桌子，观察着每个考生的情况。当我交上考卷时，监考人请我留下，给我看了她在南希的考卷末尾写的几行字：南希和鲁思分开坐在本教室的对角位置。她们选择了相同的考题，并且几乎每句话、每个字都写得一样，我们推测她俩是孪生姐妹。看完这段文字后，我对监考人员点了点头，离开了考场。

一位年轻的姑娘正在发生腹疼的时候，有人告诉她，她的孪生姐姐因阑尾炎而住进了医院。当她和母亲赶到医院时，姐姐已被送到手术室。她们只得在外面等候。等了好久还不见人出来。母亲说："手术大概快结束了吧！"而双胞胎的妹妹却说："不，妈妈，我能感到医生割阑尾和缝合刀口的时刻，现在医生刚刚开始手术。"果然如此，后来医生证实，手术的时间推迟了。

一位住在洛杉矶的妇女，她的同卵双胞胎的妹妹因飞机坠毁而身亡，恰恰就在那时，她突然感到全身炎热，剧疼，眼前漆黑一片，并且从那时开始，心神不安，不久就传来了这个噩耗。

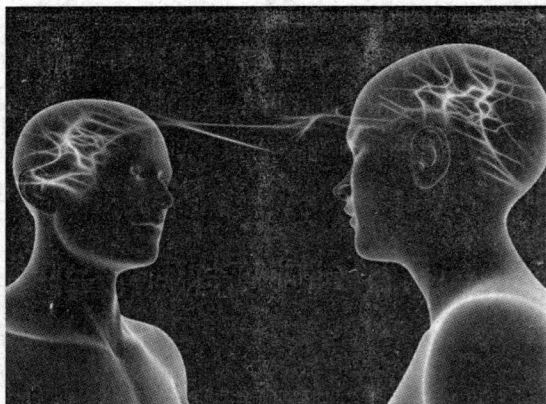

心灵感应图

另一对孪生姐妹出生后就分离了，直到26年后重新团聚。一个住在美国缅因州，是个理发师，她有一个名叫克里斯顿的女儿。另一个住在英格兰附近，也是理发师，而且也有一个名叫克里斯顿的女儿。

还有一对分离后又团聚的孪生姐妹，她们两人中，一个的儿子名叫理查德·安德鲁，另一个的儿子叫安德鲁·理查德。

47岁的奥斯卡和杰克是一对出生在千里达岛的双胞兄弟，父亲是犹太人，母亲是德国人。出生不久，奥斯卡由母亲带到德国抚养，并且成为一个天主教徒，杰克则由父亲按照犹太人的风俗抚养，住在加勒比海一带，目前住在美国。这两兄弟的工作、生活和家庭状况都完全不同，可是当他们阔别40年第一次见面时，却带着相同的眼镜，穿着同一类型的衣服，留着同样的胡子。在他们接受一组问题测验时，也显示出同样的态度和习惯。

布莱吉特和乐丝是一对现年39岁、英国籍的同卵双胞胎姐妹。她们分开于第二次世界大战，直到最近初次见面。两人都带了7个戒指，其中一个手腕戴了一个手镯，另一个戴了两个手镯。一个人的儿子取名李查·安德鲁，另一个的儿子则叫安德鲁·李查。而她们的女儿，一个名叫凯瑟琳·露易丝，另一个则叫卡伦·露易丝。惟一不同的是，生活在贫穷家庭里的，有着一口坏牙。

迪拉和斯特拉是印地安纳州的一对双胞胎。有一天，迪拉去参加狂欢节，斯特拉留在家里熨衣服。斯特拉不小心被电熨斗烫了手，这时她忽然感到一阵恐惧，恶心地直想吐，预感将有不幸的事情发生。斯特拉立即奔向正在举行狂欢节的公园，看到很多人围在一架已经倒塌的滑车前。抬头望去，有个座舱在架子上晃来晃去，眼看就要断开，可怕极了，上面坐着的，正是她的姐姐迪拉。当抢险队赶到，把姐姐救下来时，姐姐跑过来，看也没有看就问她："怎么又把手烫了？你什么时候才能学会使用熨斗呢！"

一对自小分居、寄养两地的双胞胎兄弟，兄在上海，弟在无锡农村。有趣的是1981年某天傍晚，两人都在当地感到有一种莫名其妙的气恼情绪，结果都与他人动武吵嘴。从此一个人在市区同人怄气时，在乡下的那个就会心里懊丧难受，在乡下的弟弟感到有人捉弄他时，城里的那个哥哥也会闭门不出，免得受人欺负。

孪生兄弟同生共死

湖南省浏阳市大围镇的一对孪生兄弟，竟于同月隔日亡故。

吴炳汉、吴炳其老人出生于 1919 年 12 月 29 日。兄弟俩体格健壮，身体非常棒，两人 10 岁时便能够并肩当头牵水牛犁田，这让村里的人都感到不可思议。

到 80 岁，两人每餐仍能喝半斤白酒，并且，两人经常在一起喝酒。两人从未红过脸，情感默契，许多爱好也是一样的，甚至，有时候，两人的思想也是一样的。有时候，哥哥说出上半句话，弟弟马上就可以接着说出下半句，而且丝毫不差。这让兄弟间充满了乐趣。

最有趣的是，两人的妻子也是同月同日出生，这个巧合为家庭生活增添了许多意想不到的乐趣。因为这难得的缘分，所以大家都非常珍惜在一起的日子。两家人都和和美美的，无论有什么事都会互相照顾。

不久前，吴炳其突然病重，迷迷糊糊地连子孙都不认得。哥哥吴炳汉闻讯赶紧过来看弟弟的情况，一进门就直奔弟弟的床。本来迷迷糊糊的弟弟，听声音知道哥哥吴炳汉来了，奇迹出现了，他竟然坐起来，抱着哥哥痛哭，不想先哥哥而去。哥哥吴炳汉也哭了，他也不想弟弟死去。

一心惦念弟弟病情的吴炳汉在看完弟弟回家途中，可能是因为神情恍惚，意外地被拖拉机撞倒。因为撞得很厉害，吴炳汉于 11 月 2 日凌晨 1 时亡故。弟弟吴炳其闻知哥哥的噩耗，非常伤心，于 3 日晨 6 时病故。

女婴肚里藏寄生胎

本来怀上了三胞胎，但出生前其中两个胚胎被他们的同胞姐妹包入腹中。这样的怪事让家住南山的黄先生夫妇遇上了：他们刚出生的女儿出生不到两月就腹胀如鼓，经过手术，医生竟然从该女婴腹中取出了两个已经成形的胚胎。专家介绍，像这样被同胞姐妹包住的寄生胎十分罕见，概率为百万分之一。目前，婴儿各项身体指标很平稳，医生说再过几天就可以出院，以后的生活也不会受到影响。

包住自己"兄弟姐妹"的女婴叫小慧，刚出生 60 多天。婴儿的妈妈说，她和丈夫住在南头南山村，自从知道自己怀孕后，一家都非常开心。生下小慧后，父母百般呵护，可出生 40 天左右，她突然发现小慧的肚子渐渐鼓起，而且越胀越大，20 天内肚子胀得像个小西瓜。父母感到不对，带着小慧去惠州做检查，医生说是肿瘤。

惊慌的父母把小慧带到了市儿童医院，外二科主任王涛经过检查，发现小慧腹中竟是极其罕见的寄生胎。王涛介绍，寄生胎属于连体婴中非常罕见的一种，原来共存于母体中的三胞胎，在胚胎时期，其中一个或两个被另一个包进体内，被包后这两个胚胎就不可能发育成真正意义上的生命。"这种概率是百万分之一。"王涛说，他从医 20 多年，在全国各地的医院工作过，从来没见过这种病例，在深圳也是首例。

王涛说，经过检查，小慧腹中的寄生胎已经非常大了，重量占了她体重的 1 / 7，把腹腔内的肝脏、肾脏等脏器压迫得像白纸一样薄，"如果再不医治，小慧很可能性命不保"。那年的 12 月，经过数小时的手术，医生成功地从小慧体内取出一对已经成形的双胞胎。

双胞胎姐妹同母异父

双胞胎姐妹是同母异父的消息被披露，轰动了智利媒体。

美丽的智利

这对姐妹分别为玛利亚·埃琳娜和弗朗西斯科·哈比尔，当时已经2岁。可爱的两姐妹现在与母亲在一起。但是，她们的母亲因前男友最近拒绝给孩子的生活费，而将这名一直被认为是这两个小女婴的亲生父亲告上法庭。为此，法庭让她们的母亲先在智利做亲子鉴定，结果却大出意料。鉴定结果显示，玛利亚·埃琳娜确实是这名男子的女儿，而她的妹妹弗朗西斯科·哈比尔的父亲却是没有确定的一名男人。

孩子的母亲矢口否认："这不可能，这两个孩子都是他的。他应该给两个孩子生活费。一定是弄错了。"但后来在欧洲国家又做了3次亲子鉴定，都得到同样的结果。

2001年，玛利亚·埃琳娜的父亲已经恢复给孩子生活费，但只给1个孩子。玛利亚·埃琳娜的父亲说："玛利亚·埃琳娜确实是我的孩子，可是另外一个女孩就不是了。我不可能给两个人的生活费的。"

科学家认为，显然这名妇女曾经在很短的一段期间内与两名男子发生性关系，这两名男子各有1个精子与卵细胞相遇，使其受精，然后卵细胞分裂而成为罕见的同母异父双胞胎。只是这种情况发生的概率很低，专家估计为百万分之一。科学家说这是一个奇迹的巧合。令人难以相信，可是又必须相信。

双胞胎同日生死

芬兰一对 70 高龄的双胞胎兄弟 3 月 5 日先后因车祸丧生，出事时间只差 2 小时，而且两人都是骑自行车穿越同一条马路时被卡车突然撞死的。

据芬兰警方透露，这对不幸的双胞胎兄弟生于 1931 年，一个住在帕蒂约基，另一个住在拉海，两地距离仅有 2~3 公里。这两起车祸发生在芬兰首都赫尔辛基市北方约 600 公里的拉阿镇。这对孪生兄弟中的一人骑自行车通过那条马路时，没注意到一辆卡车驶来，卡车来不及刹车，孪生兄弟中的一个当场被撞倒在地。出事时，正刮着暴风雪，能见度很差。当交通警察赶到时，他已经停止了呼吸。

两小时后，孪生兄弟中的另一人在中午时分骑自行车外出，天气已转晴，但路面很滑。在兄弟死亡地点南边一公里多的地方，穿越同一条马路，这时正巧一辆汽车通过，但他没有看到汽车后面还有一辆卡车，因而也被撞倒。当交通警察赶到时，他也早已经停止了呼吸。当时，警察还感到非常奇怪，因为这两个人太相像了，简直认不出是两个人，经过调查，才知道是孪生兄弟俩。

当地一警察表示，第二起车祸的丧生者不可能知道孪生兄弟遇难的事情，因为警方直到第二起车祸发生前不多久，才辨认出第一起车祸的死者身份。这个警察慨叹道，这样的双胞胎兄弟还真少见，不但同日同地生，而且还同日同地死。难道真的是命中注定的吗？这谁又能解释得清呢？

一双胞胎妈妈生下两对双胞胎

妈妈是双胞胎，又生下两对双胞胎，这种连说起来都十分拗口的事情于 2004 年 8 月 13 日却真实地发生在美国人贾娜·莫里斯身上。记者采访了医生，医生说，这种情况发生的概率为百万分之一。

更加令人称奇的是，13 日这天刚好是莫里斯 34 岁生日。如今，母亲、母亲的同胞姐妹、两对新双胞胎，都有了同一个生日。这真是一个意外的奇迹。

帮助她顺产两对双胞胎的美国宾夕法尼亚州兰可诺医院说，莫里斯产下了两对同卵双胞胎，为一对男孩和一对女孩，母子 5 人均平安。

自己就是双胞胎之一的莫里斯说："这个'生'日对我来说实在是太特别了，我太高兴了。这是一个多么意外的奇迹与巧合呀，我的四个宝宝竟然与我一起过生日。我真是太幸福了。我的宝宝们都很健康。"莫里斯的幸福洋溢在脸上，连生产的疲累也没有挡住幸福。

助产医生安德鲁·格尔森说，这种情况在 100 万组四胞胎中才会出现一次。也就是说，这是一个奇迹中的奇迹。不过事实上，这一"奇迹"也搀杂了"人工成分"。此前已经有一个 2 岁儿子的莫里斯今年 1 月接受了胚胎移植手术。为确保"万无一失"，当时医生向莫里斯子宫内一次植入两个胚胎细胞，没想到结果出乎意料。4 个宝宝早产两个多月，每个体重都在 2 ~ 3 磅之间。尽管他们目前还得依靠呼吸机辅助呼吸，但医生们预计他们可以在 9 月底前出院。

一位妇女剖腹生下七胞胎

约旦医院医生贾米勒·沙阿巴尼在 2004 年 8 月 23 日举行的新闻发布会上宣布，一位利比亚妇女伊卜蒂赛姆·赛伊布日前在该医院由剖腹产顺利生下 7 个婴儿。

沙阿巴尼说，人类妇女一次生 7 个婴儿的情况十分罕见，在约旦更是史无前例，7 胞胎中有 5 个男婴、2 个女婴。尽管比预产期提前 7 天降生，但婴儿目前健康状况良好，最重的有 1100 克，最轻的仅为 750 克。

沙阿巴尼说，为了防止意外流产，约旦医院在赛伊布临产之前密切关注她的健康状况，以确保她的安全，作好随时迎接新生儿的准备。在赛伊布分娩时，约旦医院共有 4 名医生、7 名护士和 4 名其他医务人员接生。

可爱的七胞胎

赛伊布是利比亚一位普通工程师，她说为了保证婴儿们能顺利出生，她曾和丈夫艾哈迈德到埃及接受保胎治疗，但他们最终选择了安曼作为孩子们的出生地。因为他们觉得安曼是一个不错的地方，而且约旦医院也是名声在外。约旦医院为了她的宝宝们的出生做了大量的工作。赛伊布说，顺利生完 7 胞胎后她的感觉好极了，更高兴的是宝宝们都很健康。她说自己能够怀上 7 胞胎并且顺利生下来，这真的是一个奇迹。她现在有一种做妈妈的幸福感觉。

据了解，今年 6 月份，一位巴勒斯坦妇女在东耶路撒冷成功产下 7 胞胎，但由于健康原因，新生儿不久全部夭折。

看来，赛伊布真的是一个幸运的人，一位幸运的妈妈。

印度孪生姐妹同日结婚同日死

印度一对孪生姐妹在同一天结婚，活到 114 岁时在同一天去世，这个巧合在当地成为一时佳话。

孪生姐妹卡利和巴图利出生于印度中部西耶市，她们两人从小就感情非常深厚。而且，她们两人不但长得一模一样，就是兴趣爱好也几乎是一模一样的。两人都喜欢穿绿色的衣服，都喜欢跳舞等。巧合的是，她们同时爱上了各自的男友，又同时与男友谈婚论嫁。更为巧合的是，她们在同一天分别嫁入两个家庭，从此分开生活。不过，因为她们感情好，两个家庭之间经常来往，好得就像一家人。

但是，她们的丈夫相继因病去世。卡利知道妹妹的丈夫也去世后，就对妹妹说："妹妹呀，你的丈夫现在也去世了，我们就在一起住吧。这样，我们也好有个照应呀。"于是，两人又住在一起，共度余生。两姐妹共有125名孙子和曾孙，可谓儿孙满堂。

卡利和巴图利都成为人瑞，有一天，卡利突然感觉身体不舒服，家人赶紧把她送往医院。可是，不幸的是，当他们把卡利送往医院后，医院经过简单的检查，遗憾地对她的家人说："对不起，她已经停止呼吸了。请你们节哀。"家人顿时哭作一团。

不知巴图利是否和卡利心有灵犀，她也差不多在同一时间，在家中寿终正寝，这两姐妹享年114岁。

卡利和巴图利的后人知道她们姐妹情深，决定将她们合葬，永不分离。

三姐妹生下三对双胞胎

据一些生育专家估计，一名妇女生养双胞胎的机会约为1/210，而且一个家庭中三姐妹都生养双胞胎的机会则为1/9261000。前不久，英国一家三姐妹就成了这极其罕见的幸运的九百万分之一。

这三姐妹中的大姐玛狄今年44岁，二姐罗汶娜38岁，老幺迈琳达31岁。三姐妹从小就关系不错。渐渐长大后，三姐妹先后谈上了男朋友。几年以后，三姐妹先后建立了自己的幸福家庭。不过，各自有了家庭并没有影响她们三姐妹的感情，她们还是与小时候一样要好。

1990年，大姐玛狄生下一对双胞胎儿子，双胞胎儿子给他们带来了无穷的乐趣。全家都为她感到骄傲，他们都说："真不错。能生下双胞胎。

而且，他们都是那么可爱。"罗汶娜和迈琳达也羡慕不已。她们想，如果自己也生下一对双胞胎那该多好呀。令大家没想到的是，1999 年，老二罗汶娜竟也生下一对双胞胎儿子，大家惊奇万分。都说："这太离奇了，太巧合啦。听说，这样的几率非常小呀。"去年秋，老幺迈琳达在经过长久等待后也终于怀孕，朋友们都开玩笑地说："你们家生双胞胎有传统，没准你肚子里也是两个！到那时候，你们三姐妹都是双胞胎。那该有多开心呀。"老幺迈琳达也是满心地期待。

　　2003 年 8 月，让大家又惊又喜的是，迈琳达果真生下了一对双胞胎儿子，三姐妹都生下双胞胎儿子，这在英国可是头一例。

第五章　匪夷所思的巧合

埃及庙宇—死神雕像酷似布什

2003 年的一天，考古学家在埃及的一座距今 4000 年的墓葬庙宇的墙壁上，发现一张酷似美国总统乔治·布什的雕刻画像。而这座雕像据说是代表死神的。

考古学家们发现了这座雕像后觉得非常吃惊。世界上竟然会有如此巧合的事情，这太令人难以置信了。

美国考古学家沃尼说："如果你看到画像，你一定会为他跟布什如此相似而震惊，因为太相似了。雕像的神情也与布什的非常相似。你看到了也许会怀疑自己的眼睛，或者，你甚至会怀疑这是不是搞恶作剧的人放在那里的一张照片。可是，这不可能，因为它不是一张照片，它确实是远古的雕刻品，它跟金字塔一样古老。也不是你的眼睛花了，因为这座雕像确确

埃及

实实地存在着。"

　　可是，为什么会有如此巧合的事情呢？这究竟该如何来解释？

　　这座坐落在尼罗河西岸的古老庙宇两年前被发现，但因为种种原因，所以一直没有开发。据考证，这座古老的庙宇是埃及黄金时代的一位掌管财政的大臣为自己建造的陵墓。他在墙上雕刻的与布什酷似的死神的画像预示了布什将成为征服者，但也许这只是法老王梦中的景象。可是，如果真的是这样的话，那就太不可思议了。难道他那个时候就能看到未来，看到现在？或者说，他的梦就那么巧合地梦到了布什？

　　当然，这一切只是猜测。但是，无论如何猜测，那座雕像是真实的，这是毋庸置疑的。

北京古城巧合现象

　　明朝永乐年间（1403～1425年）建造的北京城，素以布局严谨、建筑壮丽闻名于世。近年来，科技工作者运用遥感技术从高空拍摄北京城的图像，发现北京城区横卧着两条"巨龙"，盘坐着一位"巨人"，甚是壮观，成为北京城的两大新奇观，令人惊叹叫绝、感概万千。

　　人们从彩色遥感图上可以看到，那两条"巨龙"，从南向北，横贯全城，结伴而行。

　　其中一条，是北京的古建筑组成的，可称为"古建筑龙"，它从天安门开始，逶迤延伸直到钟鼓楼。天安门是龙嘴，金水桥是它的颌虬，东西长安街是它的长髯，太庙、社稷坛是巨大龙

北京古城的宝殿

头的龙眼，那故宫便是龙身，其隆起部分是景山公园。钟鼓楼成为这条"巨龙"的龙尾，那故宫的四个角楼，恰似伸向八方的龙爪。

另一条"巨龙"，是由北京的水系构成的，可称"水龙"。这条："水龙"的龙头是形式半圆的南海，中海与北海联威弯曲延伸的龙身，西北方向的什刹海，则是一条摇摆着的龙尾。

一条"古建筑龙"，一条"水龙"，相依结伴，雄伟壮观，如此神奇的"巨龙"，是设计者的精心设计呢，还是自然巧合现象？现在谁也说不清。

北京城的另一奇观是景山公园的园林图像。这图像酷似一尊闭目盘腿打坐的巨大人像，巍巍然端坐在那里。景山公园原是皇家御苑，位于故宫之北。是精心设计，还是纯属巧合？这也是一个谜。

景山公园

背刻"千年神龟"的巨龟

一只背刻"千年神龟"字样的巨型乌龟的赫然现世，成为了南岳衡山"五一"黄金周期间的一段佳话。

这只重达14公斤的巨型老龟，是2004年5月6日下午3时许由当地居民韩玉保在南岳中心景区华严湖中钓上来的。韩玉保钓上这只巨龟后，觉得自己很是幸运。这只"大家伙"十分乖巧，不躁不怒，显得很通人性。在比一般脸盆还大的龟背上，"千年神龟"、"夏氏立清代"几个大字虽已字迹斑驳但仍清晰可辨。

韩玉保钓到"神龟"的消息传开后，当地居民和不少游客争相登门欲一睹其风采。南岳区农林、宣传、文化等部门工作人员知道这件事情后也迅速赶到了韩玉保家。通过多方考证，该龟年龄应在千年以上。该区文物处退休干部、现年七十多岁的旷光辉兴奋地说："这就是传说中在南岳大庙听经之龟呢。肯定是的，没错。真是太神奇啦。"大家都为这件神奇的事感叹不已，也兴奋不已。

原来，巍巍南岳一直流传着一个"神龟听经"的传说。相传明末清初每逢僧人传经讲道、早晚功课之时，有一只乌龟总会来到南岳大庙的殿外静静听候，风雨无阻。旷光辉老人称，华严湖水现在还是环南岳大庙而过，且与南岳大庙寿涧相通，乌龟顺水而下，逆水而上，完全印证了"神龟听经"的传说。这真是太神奇了。

南岳大庙

现在，大龟已在南岳大庙的放生池中安家落户。南岳大庙管理处将派专人看护该龟。

地球与人体的神秘巧合

大家都知道，人在母胎中时，是靠肚脐从母胎中吸取生命的养料，所以肚脐是人体的供养点。肚脐位于人体中线上，恰好与把人体"黄金分割"的纬线相交织。从地球上来说，中东地区位于东经30度与东经60度之间，北纬30度穿过此地，恰好把东半球中分。如果把人体的供养点相对于地球的"肚脐"，就不难发现，中东地区蕴藏着巨量的液体能源——石油。

而头部，不用说，是人生命的中枢机构，南极又正是位于地球最前端，人们开发南极资源是在 19 世纪 50 年代。差不多正在此时人类开始了对大脑的深层研究。

许多中医发现，人体上有一些绝对不能动的穴位，俗称"死穴"。"肚脐"所对应的左腰上部位，在中医称"命门区"，穿过这一区的纬线称之为"保命线"。人体的死穴不仅集中在"命门区"上，而且正好排列成九宫图。按九宫幻方计算，地球的死穴要比现在发现的"百慕大三角"的范围还要广。中东地区所对应的位置恰巧落在北纬 30 度线附近，而关于这一纬度线，人们已发现了许多神秘而有趣的自然现象。

我国的长江、美国的密西西比河、埃及的尼罗河、伊拉克的幼发拉底河等大江大河的入海口竟都在北纬 30 度线附近。地球上最高的山峰——珠穆朗玛峰和最深的海沟——西太平洋中的马里亚纳海沟，也在北纬 30 度线附近。此外，像埃及的金字塔、狮身人面像、北非撒哈拉沙漠的"火神火

阳光下的珠穆朗玛峰

种"壁画、死海、巴比伦的"空中花园"、远古玛雅文明遗址……还有令人惊恐万状的"百慕三角区"等世界奇迹和迷阵都在这一纬度线上。这仅仅只是巧合吗？

会"走"路的树

河北省隆化县最近发现一株会"走"路的树，据考证至今已"行走"

了200余年，移动了77.2米。

据新华社消息，这株被当地人称为"双龙神树"的古树，是在该县山湾乡小扎扒沟村发现的。据这个村72岁高龄的刘宝发老人讲，他很小的时候，他的爷爷就告诉他，这棵树原来生长在南山窑沟门坎边上。有一年村里发大水，山崩地裂，洪水冲走了好多的房屋，这棵树也被洪水冲到了沟膛。非常巧的是，这棵树正好挂在了沟边一堆万年蒿上。而由于淤泥埋住了根须，这棵树又奇迹般地活了下来。从那以后，便沟南沟北地爬着长，后边的根烂了，前面又长出了新根，这样一年一年移动地生长至少已有200余年。村里的一些人比较好奇，他们动手丈量了一下，200年来这棵树爬行了约77.2米。现在，这棵树一树双身，表面看起来像是两棵树，实际上是一棵树。

记者因此采访了一位林业农艺师。农艺师说："这株奇树名叫旱柳，生命力非常强。由于树身在生长过程中前端在重力的作用下下垂，着地后生根，其背部又生长

旱柳

出枝条，继续往前生长，原树干则逐渐腐烂消失。因不断得到更新，出现了腐生现象，在植物趋光趋水性的作用下，始终围绕水和光照充足的河沟转来转去。正因为如此，这棵树才能不断地向前"走"。

这真是一个奇迹。

200只麻雀一起"自杀"

上海崇明岛发生了一个奇怪的现象：许多麻雀成群结队地飞来，落

可爱的麻雀

在崇明堡镇医院院里一棵水杉树上。没过多久，小麻雀又陆陆续续地飞下来，走两步，也不挣扎，就地躺倒，顿时一起死去。

有一个门卫因为好奇，数了数，竟然有 185 只小麻雀。他走到前院，发现那里也有 10 多只已经死去的小麻雀。周围邻居说，在离医院不远的地方，也发生了类似麻雀死亡的现象。如此算来，当天"自杀"的小麻雀超过了 200 只。

对于小麻雀这一不可思议的行为，一些动物园饲养科的工作人员解释说"可能是食物中毒"。但是，目击者对这一说法并不认同。因为这段时期，农田里根本没有庄稼，所以谈不上麻雀误食农药。再者，小麻雀临死前非常平静，没有中毒后的挣扎表现。更难解释的是，为什么群死事件单单发生在那一天，后来就没有出现任何异常了呢？难道是巧合？这究竟该怎么解释呢？

一位记者因此采访了一个鸟类问题专家。专家分析后认为："可能生态系统发生某些变化，使得小麻雀产生了'过激行为'。按道理来说，酷热、暴风雨、龙卷风都会诱使小麻雀功能紊乱。可能这两天气温过高，小麻雀自我体温调节能力没能经受住考验。当然，动物自杀行为在生物学上至今还没有很好的解释，去年崇明岛也有过数万只小麻雀投海自尽的悲壮场景，也不知是什么原因。世界著名的群鲸自杀现象，到现在还是一个谜。"

这些谜，看来要留待读者去研究探讨了。

乐山睡佛

　　1989 年 5 月 11 日，广东省顺德县冲鹤乡 62 岁的潘鸿忠老人正在兴致勃勃地游览乐山名胜。5 月 25 日，回返家乡的潘老在朋友们催促下，将照片拿出来看，友人们都称赞不已。潘鸿忠也在一旁审视，不料当看到那张古塔风景照时，他突然感到照片中山形恰如一健壮男子仰卧，细看头部，更是眉目传神。

　　潘老遂将此照印制多份，寄往有关部门。一天，四川省文化厅文化通讯室甘德明收到了潘老拍摄的乐山巨佛照片。他手拿照片，禁不住叫出声来："这不的的确确是一尊巨佛吗?"从照片上看去，确实有一巨佛平平静静地睡躺在江面上，仰面朝天，

乐山睡佛

高突的前额，圆润的鼻唇，四肢皆备。尽管如此，要确定这尊睡佛还必须进行专门考证。

　　随后，一支由甘德明等人组成的乐山巨佛考察队出发了。考察队首先向潘老询问了拍照的时间、地点及当时的情景。经过一个月的仔细考究，最后终于在名曰"福全门"的地方照下了巨佛身影。据考察者认为，惟有此地才是最佳的观赏地点。从乐山河滨"福全门"处举目望去，清晰可见仰睡在青衣江畔的巨佛的魁梧身躯，对映着湍流的河水，巨佛似乎在微微起伏。那形态逼真的佛首、佛身、佛足，分别由乌尤山、凌云山和龟城山三山联襟构成。

　　仔细观察佛首，就是整座乌尤山，其山石、翠竹、亭阁、寺庙，加

乌尤山

上山径与绿荫，分别呈现为巨佛的卷卷的头发、饱满的前额、长长的睫毛、平直的鼻梁、微启的双唇、刚毅的下颌，看上去栩栩如生。

再详视佛身，那是巍巍的凌云山，有九峰相连，宛如巨佛宽厚的胸脯、浑圆的腰脊、健美的腿胯。远眺佛足，实际上是苍茫的龟城山的一部分，其山峰恰似巨佛翘起的脚板，好似顶天立地的"擎天柱"，显示着巨佛的无穷神力。纵观全佛，和谐自然，匀称壮硕的身段，凝重肃穆的神态，眉目传神，慈祥自如，令人惊诧不已。全佛长达 4000 余米，堪称奇绝。

然而，更令人称奇的是那座天下闻名的乐山大佛雕，恰恰正耸立在巨佛的胸脯上。这尊世界最高最大的石刻坐佛，身高达 71 米，安坐于巨佛前胸，正应了佛教所谓"心中有佛"、"心即是佛"的禅语，这是否乐山大佛暗示的"天机"呢？

乐山巨佛作为旅游重要景观可确定无疑了。那么，它是怎么形成的呢？这是留给世人的一个谜。

但据研究乐山大佛文化和文物部门的专家们介绍，迄今为止，还没有发现和听说关于巨佛的文字记载和民间传说。那么，巨佛是纯属山形地貌的巧合吗？但为何佛体全身，人工的刀迹斧痕比比皆是呢？

乐山大佛

谁能解开睡佛之谜？我们拭目以待。

玛雅金字塔的巧合之谜

在墨西哥及尤卡坦半岛上，耸立着许多气度非凡的金字塔，它们是玛雅人留下的作品。其规模之宏伟、构造之精巧，乃至于情景之神秘，完全可以与埃及金字塔媲美。

以太阳金字塔为例吧：塔基长 225 米，宽 222 米，和埃及的胡夫金字塔大体相等，基本上是正方形，而且也正好朝着东南西北四个方向，塔的四面，也都是呈"金"字的等边三角形，底边与塔高之比，恰好也等于圆周与半径之比。

它们的天文方位更使人惊骇：天狼星的光线，经过南边墙上的气流通道，可以直射到长眠于上层厅堂中的死者的头部；而北极星的光线，经过北边墙上的气流通道，可以直射到下层厅堂。

他们的建塔技术之高超也是惊人的。以库库尔坎金字塔为例吧：塔基呈四方形，共分九层，由下而上层层堆叠而又逐渐缩小，就像一个玲

古老而神秘的玛雅金字塔

珑精致而又硕大无比的生日蛋糕。塔的四面共有 91 级台阶，直达塔顶。四面共 364 级，再加上塔顶平台，不多不少，365 级，这正好是一年的天数。九层塔座的阶梯又分为 18 个部分，这又正好是玛雅历一年的月数。

玛雅人崇信太阳神，他们认为库库尔坎（即带羽毛的蛇）是太阳神的化身。他们在库库尔坎神庙朝北的台阶上，精心雕刻了一条带羽毛的蛇，蛇头张口吐舌，形象逼真，蛇身却藏在阶梯的断面上，只有在每年春分和秋分的下午，太阳缓缓西坠，北墙的光照部分棱角渐次分明，才能看到那些笔直的线条从上到下交织成了波浪形，仿佛一条飞动的巨蟒自天而降，逶迤游走，似飞似腾，这情景往往使玛雅人激动得如痴如狂。

玛雅人崇信太阳神雕像

1968 年，一批科学家试图探测这些金字塔的内部结构，令人费解的是：他们在每天的同一时间，用同一设备，对金字塔内的同一部位进行 X 射线探测，得到的图形竟无一相同。

美国人类学家、探险家德奥勃洛维克和记者伐兰汀，对尤卡坦进行考察时，发现有许多地道连通的地下洞穴，地道的结构与金字塔内的通道十分相似。他们拍摄了九张照片，但是能冲洗出来的只有一张，而这一张所拍摄到的也只是一片漩涡形的神秘的白光。

茉莉每天准时"歌唱"

辽宁省辽阳市的康太玉老人喜欢养一些花花草草，以此怡情养性，陶冶情操。可是，最近却发生了一件奇怪的事：养了五年的一盆茉莉在一个星期前竟然"开口唱歌"，一直持续到现在，令人惊叹不已。康老人说，他养了十多年的花，会"唱歌"的花还是头一次遇到。

据《北方晨报》报道，2001年11月12日晚7时许，记者在康太玉老人家中见到了

美丽的茉莉花

正在"唱歌"的茉莉花，它发出的声音有点像夏夜里野外的阵阵蛙鸣，抑扬顿挫。

据康太玉老人介绍，这盆茉莉花是他五年前在花市上买的，几年来一直没有什么异常。大约在一个星期前的傍晚，他突然听见这种声音。起初，他以为有虫子在作祟，就在花盆里找，但没有找到虫子，后来才发现是花发出的声音。此后，每天晚6时许，茉莉便会准时发出动听的声音，一直持续到晚上8点半多。而且，巧的是，每天"唱歌"的时间一直没有改变。另外，奇特的是，茉莉在"唱歌"时，不管外界有多大的声音，它都照唱不误。但是，只要人的手一碰到花叶，茉莉顿时就"闭口无声"了。记者试探着碰了一下正在"欢唱"的茉莉，声音果然戛然而止。过了一会儿，无人理会的茉莉又发出了"蛙鸣"。这真是不可思议。难道"茉莉"还有感应能力？

邻居们听说他家的茉莉能发出声音后，都好奇地来求证，听到茉莉真的发出动听的声音后，大家都啧啧称奇。茉莉会"唱歌"，真是大千世界，无奇不有。

神秘的百慕大

百慕大海区北部是百慕大群岛，东南部是波多黎各岛，西南部是佛

罗里达半岛和古巴岛。据记载，在这片"陷阱水域"，自20世纪以来已有上百架飞机和两百余艘船舰失事或失踪，下落不明的失踪者已达数千人。

从地理环境来看，百慕大海区确有其特殊性。这里有势力强大的暖流经过，并多飓风、龙卷风；海底地貌复杂，大陆架狭窄，海沟幽深，地处火山与地震的活跃地带。但这些并不足以解释百慕大水域的多事原因。

几十年间反反复复的调查表明，不少船只飞机都是无端消失在这个"魔三角"海区的，且未留下任何可寻痕迹。如美国油轮"凯恩号"，船上配备有先进的自动导航和通讯设备。1963年2月3日，它在平静的百慕大海面航行中，突然中断了陆地的无线电联系，连呼救信号也未及发出就失掉了踪影。此外，两艘核潜艇也在百慕大海域消失得无影无踪。

1945年12月5日，美国海军5架"复仇者"式海上鱼雷轰炸机在返航途中竟一同消失在百慕大海区上空。飞机失踪前向地面指挥塔传送了令人费解的谈话："我们不知道自己在什么地方，……我们好像迷失了方向。""……就连大海也变了样子……""旋转发疯的罗盘……""进入的白水。""我们完全迷失了方向……"飞机失踪后，美国最高军事当局动员了空前规模的舰船和飞机，对包括百慕大水域在内的近200万平方公里的海陆范围进行了严密搜索，然而连一点残片和油滴都未找到。分外怪异的是，就在5架轰炸机已在百慕大海区失踪后的数小时内，仍有一个设在迈阿密的美国海军航空基地收到了来自失踪飞机的微弱信号。

这些莫名其妙地失踪的船舰和飞机究竟到哪里去了呢？难道百慕大水域真的会存在什么特殊"时空域"结构么？一系列事实的出现，加深了研究者们的猜测。这使得百慕大三角海域益显神秘。

1968年，美国航空公司一架大型客机在飞越百慕大海区时，竟在地面荧光屏上失去图像达10分钟之久，尔后它却安然无恙地降落在迈阿密的机场上；并且抵达时间大大地提前了。机组人员虽未遭遇任何稀奇事件，但飞机上所有钟表都比陆上慢了10分钟。显然，根据相对论，只有飞机加速到接近光速，这种情况才有可能发生。

1917 年 2 月，一架水上飞机载了 5 名乘员进入百慕大水域进行现场考察，当考察人员在机舱内进晚餐时，突然发现刀叉变弯，机上钥匙变形，罗盘上指针偏离了几十度，录音磁带中出现了噪声。面对

神秘的百慕大

此情此景，考察人员惟有疑窦丛生。

1988 年，一对瑞典夫妇乘坐游艇在百慕大"魔三角"历险。在大巴哈马岛附近，游艇发动机突然熄火；紧接着游艇慢慢地被吸入海区中心水域，但见一片浓雾笼罩。在雾中，夫妇俩闻到一股异香，听见空中爆裂声，船上的雷达及其他仪表完全失灵，指南针胡乱转来转去，但是，几分钟后游艇居然飘出蓝雾，到达百慕大三角海域之一。很怪，发动机、雷达等一切设备统统恢复了正常工作。有趣的是，夫妇俩的智商在这次神秘的百慕大经历之后都明显上升。丈夫基尔维斯丁以前法文基础颇差，可现在他居然可以看懂法文杂志了，后来又很快熟练地掌握了好几门外语，成为公认的外语学习上的"奇才"。妻子以前连支票余数都辨不清，现在竟可以做相当复杂的数学题。连她本人也为自己成为"数学通"而深感意外。负责对这对夫妇进行测试的科学家在力争找出这桩奇事的一点谜底。

1989 年，一艘失踪近 8 年的英国游船"海风"号在百慕大水域的原失踪海面重新出现，而船上的 6 个人都平安无事。只是他们对这 8 年消逝的时光毫无记忆，都感觉无非是一瞬间；为此他们无法回答其间的神秘际遇，以为"刚才"没做什么。这些人目前在接受催眠调查。海船再现事件原在 30 年代就已发生过，但那时人们只发现了完好的空无一人的"幽灵船"。

百慕大三角海区游船

　　为什么百慕大水域能够造成人体智能上的变化呢？为什么船只能够失而再现呢？难道百慕大三角海区果真有什么超自然的力量存在么？或者，这一切都只是一个巧合而已？

神秘的北纬 30°

　　在北纬30度，曾经发生许多奇奇怪怪的事情。

　　1893 年 10 月 25 日夜里，一个西班牙籍的士兵在菲律宾总督府门前站岗时，突然神志不清昏睡过去。次日清晨，当他醒来时，发现自己在墨西哥的政府大厦前。他感到十分奇怪。可墨西哥人认为他是精神失常者，而将他交给教会处理。受冤枉的士兵别无他法，只好向墨西哥人打赌："昨天夜里，菲律宾总督被人用斧子暗杀了，这个消息总有一天会传到你们这里，那时你们就会相信我没有说谎。"两个月后，消息传来证实了士兵所讲的属实。人们才不得不相信他的话，将他从教会里放了出来。这到底是怎么回事？

1946 年 4 月 4 日一架轰炸机突然失踪，1963 年又发现 17 年前失踪的该轰炸机突然出现在石子路上，那条石子路是驾驶员上下班必走之路，再说飞机很难在石子路上滑行和停进。

1955 年，一架在飞越百慕大三角海区时失踪的飞机于 1990 年完整无损地飞回到原定目的地机场，早被推断死亡的两个飞行员也安然返回。机场官员对此事感到吃惊，然而飞机上的飞行员却对被围观的情形感到大惑不解，他们还以为现在是 1955 年，因为他们刚穿越墨西哥湾，从诺福克来到墨西哥坦皮科。一名叫帕伯劳的飞行员其出生证表明他现在已有 77 岁，但他的脸看起来只有 40 岁出头，他的弟弟阿尔费雷德说："我急于想看看这个自称是我哥哥的人，那件悲剧我记得清清楚楚，哥哥从美国寄来一封信，告诉我说他和马里安诺正准备乘飞机回家，这是我最后一次听到他的音讯，这架飞机从来没有回来过。"

1958 年 9 月的一个晚上，阿根廷一名青年司机开着汽车从首都布宜诺斯艾利斯出发，来到布兰卡港的公路上。大约 23 点，他突然被一道强烈的光晃得睁不开眼睛，他赶紧将汽车停在路旁。他感到有些困，就睡着了。不一会当他从沉睡中惊醒过来时，却发现自己的汽车不见了。年轻的司机跟跟跄跄地走在公路上，他截住一辆汽车，对车上的司机说："我去布兰卡港，我的汽车不见了我没有找到它。""什么，布兰卡港？你在开玩笑巴，这儿都快到萨尔塔啦！""什么，萨尔塔？现在几点钟了？""快夜里 12 点了，年轻人！""这不可能！我记得那道强光晃我之前，我看了下表，才 23 点 10 分！我怎么会半个小时里走了 13000 公里。我简直搞糊涂了……"这个司机以为那个人有些精神失常，就来到附近的警察局。在警察局里，警察觉得这个司机有些精神失常，因为他讲自己刚刚还在布兰卡港。于是他们马上打电话给布兰卡警察局。后者的回答是，他们的确在一条公路旁的洼地里发现一辆汽车，它的型号同那个司机讲的一模一样。萨尔塔的警察听罢，不觉大吃一惊……

1968 年 6 月 29 日，吉拉尔德·波达偕夫人搭乘 DC-3 客机飞往达拉

大型客机

斯。波达先生往洗手间走去，再也不见回到座舱来。其夫人哭叫着同空中小姐去洗手间和所有机舱空间寻找，皆无踪影，飞机上一切门窗正常。事后乘客们回忆道："那时飞机正飞过密苏里州罗拉的北部上空，见波达向洗手间走去，客机忽然意外地晃动一下，但很快就恢复正常。不久，就听到夫人的哭叫声。"

1990年10月在乔治亚洲的高速公路旁发现了一位受伤的内战战士。很明显，他穿越了1863年葛底斯堡战役中的时间陷阱。精神病理学家仔细地评价了联盟军二等兵本杰明·考奇，因为外科医生从他的腿上取出了美国北方军旧式步枪的子弹。他们得出一个结论，"他属于而且来自于至少127年前的19世纪。"负责检查这个29岁战士的精神病理学家说："从精神病理角度考虑，可以证明他神智清醒而且讲的都是事实。作为一名医生和科学家，我们对二等兵考奇所研究的每一件事情以及他所处的环境都暗示我们所接触的是超自然的、时间的弯曲。"

这一切发生在北纬30°的奇怪的事情，绝对不仅仅是一个巧合而已。那么，又还有什么样的神秘力量在使这一切发生呢？我们拭目以待吧。

神奇的"毛公山"

"毛公山",即位于海南省乐东黎族自治县东部保国农场境内的保国山,距县城抱由镇28公里,距三亚市40多公里。

保国山长约4000米,峰峦连绵起伏,中部突起的一座高630米的花岗岩山,由银白色山石组成,极像一代伟人毛泽东,头东脚西,安详仰卧,其头发、额头、眉眼、鼻嘴、中山装衣领、胸腹惟妙惟肖,清晰可见。距一里外观看更加清晰逼真。前来观赏此山的人们都亲切地称之为"毛公山"。

更巧合的是,毛公山前有一黎村叫"解放村"。山后有一苗寨叫"东方红"。两村都是1950年海南解放时命名的,如今,形象酷似一代伟人的山貌,加之妙趣天成的村名,使这一奇观又增添了一层神秘的色彩。毛公山自然景观除了地貌造像外,整条山体结构雄浑,群峰起伏,堆青叠翠。山下的雅亮河与南文河清澈见底,河滩布满斑驳陆离的五彩奇石。山水互相辉映,"毛公山"显得格外雄伟且瑰丽。

"毛公山"原名"黄牛岩",长江水路在这一带九曲回环,而古代西陵峡的这一带滩险水急,航行缓慢,乘客逆江而上几天,都似乎还在黄牛岩跟前徘徊,走不出这头神奇的老黄牛的牵绊。1956年毛泽东横渡长江之后,写下了一首《水调歌头·游泳》,其中一句"高峡出平湖"表现了主席想在这里建一个大坝的豪情壮志,而三

盛夏的毛公山

三峡风光

峡工程历经七八十年的论证研究，终于将坝址选在了处于黄牛岩山脚的三斗坪镇。正巧，在毛泽东诞辰 100 周年、三峡工程破土动工之际的 1993 年，毛公山被发现，无论是天意还是人为附会，都反映了兴建三峡工程应了天时、地利、人和，是利国利民的大业。在"一江万里独当险，三峡千山无比奇"的黄牛顶的毛泽东主席安卧像，如此巧合令人拍案称奇。

"毛公山"纯属天生地设，山貌水色相融，神奇而瑰丽，是琼岛闻名海内外的旅游胜地。

神奇的金字塔

在埃及首都开罗郊外的吉萨，有一座举世闻名的胡夫金字塔。作为人造建筑的世界奇迹，胡夫金字塔首先是世界上最大的金字塔，刚刚建成时的胡夫金字塔高度为 146.59 米，底边长度为 230 米，是由 250 多万块每块重约 2.5~50 吨的巨石垒砌而成的。胡夫金字塔的建成时间大约在距今 4709 年以前，随着岁月的流逝，在雨雪风沙的击打之下，今天的胡夫金字塔已经不复当年的雄姿，现在的胡夫金字塔的高度仅为 138 米，而底边长度则是 220 米，尽管如此，它仍然不失为世界之最，高高矗立在蓝天白云与满目黄沙之间，蔚为人间的壮观。

但更令人吃惊的奇迹，并不是胡夫金字塔的雄壮身姿，而是发生在胡夫金字塔上的数字"巧合"：人们到现在已经知道，由于地球的形状是椭圆形的，因而从地球到太阳的距离，也就在14624万公里到15136万公里之间，从而使人们将地球与太阳之间的平均距离14659万公里定为一个天文度量单位；如果现在把胡夫金字塔的高度146.59米乘以十亿，其结果不正好是14659万公

颜色各异的金刚钻

里吗？事实上，这个数字很难说是出于巧合，因为穿过胡夫金字塔的子午线，正好把地球上的陆地与海洋平分成相等的两半。难道说埃及人在远古时代就能够进行如此精确的天文与地理测量吗？

出乎人们意料之外的数字"巧合"还在不断地出现：早在拿破仑大军进入埃及的时候，法国人就对胡夫金字塔进行过测量，结果发现如果在胡夫金字塔的顶点引出一条正北方向的延长线，那么尼罗河三角洲就被对等地分为两半。现在，人们可以将那条假想中的线再继续向北延伸到北极，就会看到延长线只偏离北极的极点6.5公里，要是考虑到北极极点的位置在不断地变动这一实际情况，可以想像，很可能在当年建造胡夫金字塔的时候，那条延长线正好与北极极点相重合。

除了这些有关天文地理的数字以外，胡夫金字塔的底面积如果除以其高度的两倍，得到的商为3.14159，这就是圆周率，它的精确度远远超过希腊人算出的圆周率3.1428，与中国的祖冲之算出的圆周率在3.1415926到3.1415927之间相比，几乎是完全一致的。同时，胡夫金字塔内部的直角三角形厅室，各边之比为3：4：5，体现出了勾股定理的数值。此外，胡夫金字塔的总重量约为6000万吨，如果乘以10的15次方，正好是地球的重量！

所有这一切，都合情合理地表明这些数字的"巧合"其实并非是偶

巴黎埃菲尔铁塔

然的，这种数字与建筑之间完美地结合在一起的金字塔现象，也许有可能是古代埃及人智慧的结晶。正如有人所说："数字是可以任人摆布的东西，例如巴黎埃菲尔铁塔的高度为 299.92 米，与光速 399776000 米／秒相比，前者正好是后者的百万分之一，而误差仅仅为千分 0.5％0。这难道仅仅是巧合吗？还是人们对于光速已经有所了解呢？如果不是为了显示设计者与建造者的智慧，也就无需在 1889 年以修建铁塔的方式来展示这一对比关系。"

事实上，胡夫金字塔的奇异之处，早已超出了地球上人们的想像力。这样，以胡夫金字塔为典型的大金字塔现象，对于地球人来说，也许将始终是一个难解之谜。

十渡天然"佛"字和巨佛

喀斯特广泛发育的十渡自然风景区有众多地质现象，成因独特，造型奇美，堪称地质奇观，具有很高的科学价值和旅游开发价值。

位于北京郊区的十渡风景区有座龙山，在它上边一块直上直下的崖壁上，有一个苍劲有力的"佛"字，高 3 米多，宽约 2 米，远看则清，近看则蒙；雨后则真，平日则虚。这个"佛"字完全是自然形成的，是水沿岩石的节理裂隙面溶蚀风化后形成的痕迹。龙山的岩石属白云岩，白云岩可被含有二氧化碳的水溶蚀，所以在有裂隙的地方，当有雨水渗入时就发生表面溶蚀。由于裂隙面的不平整、不均匀，有的地方溶蚀较重，在同一岩层面上也有颜色深浅的变化，往往形成各种花斑、不规则的图案，至于它能形成"佛"字形态，那完全是偶然、巧合，被称为世界自然奇观。

十渡自然风景区

另外，平峪村一位羊倌，在跌下数十丈深的山涧后，发现崖壁脚下有一个形象逼真的石佛，双手腹前交叉自然而立，五官俱全，眉须分明。

经专家鉴定，这是一大自然奇石，它是由上水石挟杂钟乳石碎块堆积而成的像形石。石人身上长满了青苔，且在"嘴"下、眉上等凹陷部位生长少许青草，颇似胡须和长眉，身上的青苔像衣服，头部五官部位是没长青草的裸露部分，是不上水的钟乳石碎块被胶结，两臂和手也是钟乳石碎块。石人原位于峭壁下面，从石灰岩缝隙中渗出的含碳酸钙水溶液，因水压减低和温度降低，使溶液中碳酸钙发生沉淀，在上水石堆积过程中也掺进崩落下来的钟乳石碎块，因其形成在阴暗潮湿的地方，故上面长满青苔，它能形成直立人形，完全是各种因素共同作用下的自然巧合，是一个罕见的自然奇观。

香地

最近，人们发现了一块神奇的"香地"。

这块奇妙的香地位于湖南省洞口县山门清水村西北方约2公里远的山腰上一块凹地处。这是一个群山环抱、人迹罕至的地方，它的上边是悬崖峭壁，下面是潺潺的小溪。

据说，一位采药的山民经常到这片山去采药。一天，这位采药的山民正巧路经此地，觉得有一种奇妙的香味扑鼻而来。他感到非常好奇。为了查找香味的源头，他查看了这里所有的花草树木，均不得要领。最后，他突然明白，原来香味来自脚下的土地。这使得他觉得非常惊奇。土地竟然会发出这种奇妙的香味，这太不可思议了。

悬崖峭壁

香地的消息传开后，人们纷纷来到这里。好奇的人们发现，这一奇特的香味，仅局限在这方圆50米的范围内，只要越出这香地一步，香味顷刻间就闻不到了。经过细致的调查，细心的人们还发现这里的香味随气温的变化而变化，早晨露水未干时，香味显得格外浓，这种香让人非常陶醉；太阳似火的中午，则变得微香，这种香又有另一种风趣；黄昏、天阴或雨后天晴时，香味会渐渐变浓，这时候的香又是另一种妙趣。

这是什么原因呢？难道只是一个巧合？是这股香味也会有感应吗？

有关专家分析判定后认为，这种香味可能是由这里地下所存在的一种微量元素引起的，当这一微量元素放射出来后，同空气接触就会形成一种带有香味的特殊气体。

巧遇 40 年前的新娘

当58岁的汤姆·普莱恩兹驾着他的新帆船绕着一条标志醒目的旧船在可怕的魔鬼三角区划行时，他希望能找到船上的水手。然而，普莱恩兹却吃惊地看到了一位年轻漂亮的妇女，她是 40 年前与他成婚的新娘。"有那么一阵，我以为我死了呢，是在天堂里。"整整两天两夜，普莱恩兹和她的第一个也是真正的恋人说笑、进餐、谈情说笑。他说这位女郎名叫瑞吉娜（和他的新娘名字一样），并回忆起只有他失踪的新娘才能回忆起的点滴往事。"她告诉我，我们举行婚礼的教堂，牧师的名字，甚至讲出新婚那天我穿了两只不同颜色的袜子。毫无疑问，我找到了我的瑞吉娜。我觉得自己好幸福。"

普莱恩兹在 1940 年还是个 22 岁的棒小伙子，刚从美国海军退役。他在纽约娶了自己青梅竹马的恋人，一对年轻快乐的新人在弗罗里达欢度蜜月。汤姆用一笔遗产购置了一条小帆船，并命名为"瑞吉娜小姐"号。他们两人乘船从迈阿密出发，参观了亚热带巴哈马的外国港口。之后，在天气晴朗的一天，小船随着平静、闪亮的海水，向东驶去，

巴哈马风光

进入了魔鬼三角地带。普莱恩兹回忆道："本来我们航行得很好，突然，碰到了一阵险恶的狂风，像地狱里伸出的手抓起我们又扔回水面。我被掷到船外，我能听到瑞吉娜在呼唤我但我游不回去，我晕过去了。"当他清醒过来时，水面平静，他被一只渔船救起。"船长说他根本没看到风暴，他们只看到我在一根木头上漂浮着，瑞吉娜号帆船再没找到，我失去了我的新娘。"

普莱恩兹一直没有结婚，他说："我一直没有忘记瑞吉娜。我忘记不了她。因为我实在是太爱她了。"于是去年夏天，普莱恩兹买了一只新船驶回那个多年前改变了他命运的三角海域，结果奇迹发生了。"在我们两天的重逢之后，我累垮了，"普莱恩兹说，"我睡了 20 个小时，当我

醒来后发现她又一次地消失了。"

这真是一次奇怪的经历。难道只是幻觉？可是，这是不可能的。一切发生得如此真实，不可能是幻觉的。那么，这样一次神秘的巧遇究竟又是怎么一回事呢？

复活节岛上的巧合

1722年4月，由荷兰探险家雅各布·罗格文率领的三艘战舰，在东南太平洋的狂风巨浪中颠簸了数月之久。暮色中，他突然发现前方出现一个小岛。在兴奋和猜度中，他们靠近了这个航海图上没有标记的岛屿。然而，他们简直不敢相信自己的眼睛，这个小岛的四周竟然站立着一排排黑压压的参天巨人。再走近一看，原来那是数百尊硕大无比的巨人雕像。

这一天是复活节，所以他们把这个小岛命名为复活节岛。

小小的复活节岛独处地球偏僻的一角，孤悬于东太平洋上，远离其他岛屿。西距皮特凯恩岛1900公里，东距智利西海岸面700公里。岛长

复活节岛上的石像

22.5 公里，呈三角形，面积在 17 平方公里。

1862 年 12 月，秘鲁人围捕了岛上的 1000 多位居民，把他们运往秘鲁去掘鸟粪。岛上许多显赫的要人也被掠走，他们所掌握的那些世代相传的特殊知识和技能也随之失传，最终只有 15 人活着返回岛上，还把天花病毒也带到了岛上。天花流行后，岛上人烟更加稀少，到 1877 年，岛上的居民只剩下仅有的 110 人。

复活节岛贫瘠而干旱，岛的中部是风沙横行的沙漠，粮食根本无法生长。岛上也绝少树木，只有杂草。没有供水，没有河流，岛民只能靠挖池塘蓄存雨水度日。除了老鼠，岛上再没有其他野生动物。居民既无法种粮，也无法狩猎，只能用简陋的木制工具打洞栽种甘薯和甘蔗，艰难度日。所以这里的岛民长年累月目所能及的除了大海、太阳、月亮和星星，实在是别无他物了。

然而就是这样一个干旱、荒凉，只有少数土著居住的孤岛上，却遍布着 1000 多尊巨大无比的巨人石像。这些巨人石像最重的可达 90 吨，高 9.8 米，就连最普通的也有二三十吨重。更加令人惊异的是，这些巨大石像还大都顶着巨大的红石帽子。一顶红石帽，小的也有 20 来吨，大的重达四五十吨。

科学家们从 1914 年开始，对复活节岛进行全面的考察和测绘，并逐一统计了岛上的石像的分布情况，然而一个个巨大的问号摆在他们的面前，令他们百思不解。

面对着岛上的巨石人像，人们首先产生的疑问必定是：这些人像是怎样造成的？要知道这个贫瘠的小岛居民们无法种植粮食，食不果腹，最多能勉强维持 2000 人的

带红石帽的巨人像

基本生存需求，靠什么来养活造石人像的强劳力？他们吃什么？而人们发现这个岛时，岛上仅仅生活着几百名尚未开化的土著人。他们怎么能够提供2000名劳力的各种需求，如木材、绳索、食物等呢？

在离复活节岛500米的海面上，有3座高达300米的小岛，分别叫作莫托伊基、莫托努俟、莫托考考。它们四周是危崖绝壁，任何船只都无法靠近。那么究竟为什么船只无法靠近呢？然而岛民们清楚地记得，原来有几尊巨人石像就高高耸立在这危崖的顶端。法国考古学家马奇埃尔证实，这石像确已跌入海中，可石像的基座石坛还稳稳座落在危崖绝顶上。

考古学家面对着这3个小岛的石坛，真是目瞪口呆。因为他们知道，别说是在史前的原始社会，就是在现代，除了最先进的直升直降的飞行器，谁也无法把这些巨人石像运到悬崖绝顶。

还有，这些巨人石像是谁造的？据第一个到达岛上的罗格文回忆录写道：当时的岛民有的皮肤为褐色，就颜色的深浅而言与西班牙相似，但也有皮肤较深的人，而另一些完全是白皮肤，也有皮肤带红色的人，只有数百口人，却分为多种肤色，这更加让人不可思议。为什么会有多种肤色呢？只有百口人而已。难道又是一个巧合？

更令人惊讶的是，复活节岛的居民称自己居住的地方为"世界的肚脐"。这种叫法，一开始人们并不理解，直到后来航天飞机上的宇航员从高空鸟瞰地球时，才发现这种叫法完全没错——复活节岛孤悬在浩瀚的

太平洋上，确实跟一个小小的"肚脐"一模一样。难道古代的岛民也曾从高空俯瞰过自己的岛屿吗？假如确实如此，那又是谁，用什么飞行器把他们带到高空的呢？如果不是的话，又为什么会如此巧合呢？

在复活节岛的悬崖下，有一堆大圆石块，上面刻有许多鸟首人身的浮雕图案，被称为"鸟人"。居民为什么选择了这种"鸟人"作为崇拜对象？鸟首隐喻着什么？

在复活节岛上，一切都是那么神秘莫测，古代和现代纠缠在一起，无法分清。

46 年后战机重回人间

一架二次大战纳粹德国战斗机，在 1942 年一次执行出击任务后，便音讯全无，再也没有返回基地报到。然而，经过整整 46 年，它又突然出现，降落在苏联一个机场上，而它机舱内的机师，早已变成了一副白骨！

这架属于 BF109-G 型的单引擎战斗机，据说外壳虽然明显地非常残旧，但机件状况却仍十分良好。对于这架古老战机突然重现一事，有关方面并没有立即作出解释，事实上也无人能这样做，而同样令苏联官员感到大惑不解的是，机上的机师早已死掉并腐化成一副白骨，它又如何操纵飞机，在 1988 年 6 月 5 日的清晨安然降落到明斯克机场去？

"我称这是近代航空史上一个最神秘之谜，相信也不为过，"西德法兰克福一位二次大战历史专家艾美·却巴博士说，"苏联方面并没有发放所有他们知道的这架飞机和机师的资料，但从莫斯科新闻的有关报道中，我们知道这架战机是因为燃料用罄才降落在沿海的明斯克机场。"

"那个机师的身份已经证实是空军中尉狄斯·西格，他在 1942 年 12

现代战机

月 5 日一次飞往苏联上空执行作战任务时失踪，事后当局再也没有收到他的半点音讯。"

"我们也不知道为什么会有这件事发生，我们唯一知道的，就是有一架 1942 年的战斗机，在失踪了差不多半个世纪后，又再次出现在人间。"除了报纸上刊载的消息外，苏联当局再也不愿透露更多有关这件怪事的进一步详情。

从机师的骸骨和破烂的制服来看，他们估计西格中尉是在 1942 年他执行那次作战任务时，被苏联战机的子弹击中而当场死掉。当这架幽灵战机突然降落苏联机场的怪事传出后，西方不少科学家都表示愿意协助调查个中真相。

第六章　难以揣测的诡异数字

瓦杰帕伊与数字 13 的巧合

许多人都认为数字 13 是不幸的，然而刚辞职的印度总理瓦杰帕伊却与这个数字有着许多不可思议的巧合。

瓦杰帕伊遭遇执政生涯的第一次打击是在 1996 年。当时他的印度人民党（BJP）刚在议会选举中获得 162 个席位成为议会第一大党，但是在 13 天后，由于印度人民党无法找到足够的党派或政治团体得到组建政府所需的 272 个席位，瓦杰帕伊被迫辞职。

1998 年 3 月，瓦杰帕伊第二次宣誓担任总理，但就在 1999 年 4 月他仅因一票之差在信任投票中失败，被迫再次下台，而这段执政时间刚好是 13 个月。

1999 年 10 月，以印度人民党为首的二十四党全国民主联盟在提前进行的第 13 届人民院大选中获胜，瓦杰帕伊第三次出任总理，并

印度风情

于 10 月 13 日宣誓就职。

2001 年 3 月 13 日，瓦杰帕伊的政府受到一宗武器行贿丑闻的打击，而这起丑闻可能与国防部长费尔南德斯、印度人民党主席拉克希曼及其他高级国防部和军事官员有关。这起丑闻的曝光导致了一些官员的辞职。

2001 年 12 月 13 日，瓦杰帕伊避开了在议会受到一个穆斯林叛军组织的袭击。他听到有关袭击的消息时正准备前往议会，而几名印度高级官员当时都在议会中，包括反对党领袖索尼亚·甘地和副总理阿德瓦尼。袭击导致了 15 人丧生，其中包括 5 名叛乱分子。

在 2004 年 2 月，瓦杰帕伊解散议会并呼吁提前 6 个月举行大选，希望在经济增长的支持下再次当选总理。但是他输了这次赌博并被迫辞职，而这天刚好又是 5 月 13 日。

这真是一些不可思议的巧合。正因为这些巧合，瓦杰帕伊觉得自己与数字 13 有着一些非常复杂的感情。

戴安娜与数字 492

过去最让人们好奇、现在仍然让人们觉得十分神秘的是"492"这个数字同戴安娜的关系。戴妃是有意向人们、甚至大众传播媒介展示这个数字，还是无意中向人们"暴露"了这个数字？这个普普通通的 3 位数，在戴安娜心目中到底是不是一个同人生、命运或者个人的重大事件密切相关的数字？

1996 年 9 月的一天，还没从"20 世纪最著名离婚"的阴影中走出来的戴安娜对伦敦儿童福利院进行了一次事先没有透露消息的慰问。可是，事先得到消息的记者还是以最快的速度蜂拥而至。

在福利院门口，记者们终于等到戴安娜出来了。他们惊讶地发现，戴妃的服饰与以前迥然不同，在著名的金发上戴的居然是一顶海军军帽！更让他们感兴趣的是帽子上清晰可辨的号码——492。

　　传媒以最快的速度作了报道。由此，拉开了欧美对这个数字的真正含义进行猜测的序幕。英国工程师大卫率先提出了"王宫甜蜜日说"。大卫以为，这是戴安娜同查尔斯王子在一起真正幸福日子的数字。戴安娜与查尔斯曾被世界上许多人认为是地球上最美满的"珠联璧

美丽的平民王妃戴安娜

合"。这对"世纪婚姻"破裂后，人们惊愕地知晓，这名"选入王宫的灰姑娘"婚后生活并不如人们所预料的那样美满幸福，更不会"白头到老"。当然，他们的婚后确实也有过一段"洒满阳光、铺满鲜花的日子"。让人惊异的是，不少人对他们"真正幸福的婚后生活"作了详细统计，结果发现，两人"甜蜜的日日夜夜"确实约为492个！

　　不过，这一说法很快就遭到非议。批评的人认为，戴安娜对查尔斯婚后很快就移情别恋一直很不满意，对这种"甜蜜的日子"颇不以为然，根本不会将它标记在自己帽子上。

　　正当许多人寻找新的"答案"之际，奥利弗·霍尔向报界发表谈话，认定492是戴安娜同他打电话的次数。这就是"电话次数说"。

　　在英伦三岛人们都知道，霍尔是戴安娜与查尔斯分居后，极少数仍然保持亲密关系的男士之一。1995年英国报刊曾经报道，霍尔曾多次接到神秘的匿名电话。接到电话后，对方常常长时间不说话，或者只是低声饮泣。他知道，打电话的人是戴安娜，她以这种"此时无声胜有声"的方式，向他倾诉内心的痛苦。霍尔记得总共有将近530次。具体数字他记不清了，可是打电话的戴安娜却记清了共有492次。

　　人们猜测的热情再次被激起。

　　以后，戴安娜又一次在自己的帽饰上将492公开亮相。1997年8月

31 日，戴安娜命归黄泉的惊人噩耗传来。一些人在悲痛之余，对 492 这一神秘的数字的猜测也再次走红。英国作家科林认为，这是戴安娜被情人"带入地狱"的"预言"。他对这种"宿命说"是这样解释的——"大家都知道，8 月 30 日夜，戴安娜答应了她的情人埃及大富豪多迪·法耶兹的请求，同乘一辆车。而造成悲剧的重要原因是这辆奔驰 600 的司机亨利·保罗酒后驾驶。可以说，是司机和情人带着戴安娜，一起命归黄泉，这时的保罗和法耶兹两人都 41 岁，而 41 岁恰好是 492 个月！"

无独有偶。在香港、澳门、台湾及欧美不少地方的唐人街、华人区也流传着这样一种"宿命说"，说"492"在中国的普通话中同"死酒后"是谐音，暗示戴安娜死于司机"酒后驾车"！

56 个民族 56 张票

2001 年，北京时间 7 月 13 日 22 时 08 分，赴莫斯科记者发来急电：2008 年奥林匹克盛会选择了北京。中国以 56 张选票获胜。

瑞士奥委会主席沃·卡奇当即向北京奥申委表示祝贺："现在应该是北京举办奥运会的时候了。"加拿大体育部长丹尼斯·库珀说："结果就是结果，今天北京很幸运。"这是世界对北京的选择。

中国的 56 个名族

律动着来自世界各地电波的互联网，已成为公众表达意见的窗口。在北京奥申委网站上，一次为支持北京申奥而举办的签名活动中，仅一个月签名者就达 100 万人。

20 多家民间环保组织加入北京申奥队伍，"绿色社区"活动，正由居民们自发推行。

"人文奥运、绿色奥运、科技奥运"，正实实在在地成为中国赋予奥林匹克运动的崭新内涵。

1913 年，"现代奥林匹克之父"顾拜旦寓意深远地为国际奥委会设计了"五环"标志，以象征五大洲通过体育紧密联系在一起。

奥林匹克圣火就要在古老的中国燃烧。时间将证明，这是人类的一次智慧而诗意的选择。

"1908——2008"，从第一个中国人提出申办奥运会，到北京主办奥运会，历史的回声将穿越整整一百年。这看似巧合，却蕴含着历史的必然。

更为巧合的是，中国共有 56 个民族，北京申办奥运也得了 56 票。这是"绝无仅有的巧合"。选择北京作为 2008 年奥林匹克盛会城市，似乎是一种必然，是一种注定。

中奖号巧合"9·11"

2002 年 9 月 11 日，纽约彩票中心开出了"9·11"的中奖号码，让纽约市沸沸扬扬。彩票中心负责人一再强调这只是个巧合，但许多人还是感到不舒服。人们觉得这里面的巧合让人不开心。这让大家想起了可怕的"9·11"事件。

彩票的开奖都是通过电视直播的，11 日晚上也不例外。当主持人宣布本期中奖号码为"9……1……1……"时，声音也没有任何异样。彩票中心发言人哈普曼说，"9-1-1"这组号码经常被选中，但在最近一年时间里，这组号码还是第一次出现。在这种彩票抽奖中，"9-1-1"这组号码出现的概率是千分之一。

据调查，共有 5631 人选了这组号码，他们每人将获得 500 美元的奖金。一个"资格"比较老的彩民们说："我们不觉得有人操纵了这期中奖号的产生过程。不过,那么多人选择这个号码肯定也是有原因的。而且,说实在的,心里多多少少是有些不舒服的。心理上的阴影是没有那么快能够抹去的。"

一个彩票销售点的卖主说:"即便有些人选择了'9-1-1',他们好像也并不期望靠着这样的号码中奖。有些人讨厌这组号码,因为它代表了美国历史上黑暗的一天。也的确是这样的。这种心情可以理解的。"

如此巧合的事情在美国彩票历史上并非是第一次。2001年11月12日,刚刚从纽约肯尼迪国际机场起飞的美国航空公司,"587"号航班,在起飞后不久便从空中掉了下来,机上260名乘客和机组人员全部遇难,其中包括5名婴儿。另外,地面上有8人失踪。而新泽西的彩票中奖号码就是"5-8-7"。

神秘的 38

有些重大的历史事件之间的数字巧合,总会令人惊叹不已。

我们以年代的先后顺序为序,算式中前面的数字是后面的人去世时的纪年数字,譬如1820年嘉庆皇帝去世时,1872年出生的道光皇帝恰好38岁。请看与38有关的巧合:

道光皇帝38岁时嘉庆皇帝(爱新觉罗·颙琰)去世(1820-1782=38);

慈禧太后38岁时同治皇帝开始"亲政"(1873-1835=38);

斯大林38岁时肯尼迪出生(1879-1917=38);

慈禧太后与光绪皇帝去世时列宁(1908-1870=38)38岁;

孙中山去世时蒋介石38岁(1925-1887=38);

赫鲁晓夫38岁时伪满洲国成立,溥仪(宣统皇帝)"执政"(1932-1894=38);

宣统皇帝即位之后的38年克林顿和小布什出生(1946-1908=38)。

人物与重大历史事件相连的数字巧合也是令人非常吃惊的。

金田起义时的洪秀全 38 岁；

1938 年蒋介石首任国民党总裁；

孙中山去世之前的 38 年，光绪皇帝开始"亲政"（1925–1887=38）；

中苏"珍宝岛战争"发生时戈尔巴乔夫和叶利钦都是 38 岁；

斯大林去世 38 年后苏联解体（1991–1953=38）；

肯尼迪遇刺身亡之后 38 年美国发生"9·11 恐怖袭击事件"（2001–1963=38）；

第一次世界大战爆发之后的 38 年普京出生（1952–1914=38）；

孙中山雕像

普京 38 岁的时候两德（民主德国、联邦德国）统一；伊拉克出兵侵占科威特（1990–1952=38）；

西藏上层反动集团发动武装叛乱之后 38 年，香港顺利回归（1997–1959=38）；

达赖喇嘛呼吁联合国帮助西藏摆脱中国的"占领"，阴谋分裂中国之后的 38 年，澳门顺利回归（1999–1961=38）。

再看与重大历史事件有关的数字巧合（以年代的先后顺序为序）：

中华人民共和国成立时正好是中华民国 38 年；

抗美援朝战争胜利之后的 38 年苏联解体；

第一次海湾战争"多国部队"对伊拉克整整实施了 38 天的狂轰滥炸。

微妙的另类数据

学习近代史，会发现许多巧合，令人惊叹。

查阅史料就会发现，不论在中国还是在外国，不论是在亚洲、在欧洲、在非洲、在澳洲、在拉丁美洲还是在这个世界的其他什么地方，只要这些历史事件没发生在别的星球上。你只要细心搜索，认真思考，总会发现关键之处的"另类数据"至关紧要，绝非偶然。

譬如：以公元纪年每年都会出现的三个阿拉伯数字，说起来其实非常简单平常的一个普普通通的日期——11月7日，就是一组非常典型的"另类数据"。

在11、7这组"另类数据"之中，仅仅三个数字符号，根本不用刻意演算，就可以准确无误地把20世纪的中后期能够相互制约的，足以影响整个世界的中国、美国和前苏联（或俄罗斯）这三个大国之间的重大历史事件发生时的时间数字链接在一起。

十月革命

俄国的"十月革命"成功于1917年11月7日；美国总统大选投票的日期是11月7日；巧合的是，2003年11月8日胜利召开的中共"十六大"标志着新老交替的预备会议，不早不晚，居然还是赶在了11月7日这一天召开。

天下事就是这么巧：在能够左右全球局势的三个大国之间，一个非常关键的国家政权交接的预备（或转换）日期，竟然"不谋而合"地全都巧合成了同一组"另类数据"。

如此"另类"，看似非常偶然，其实都在必然之中。

还有，满清王朝的道光皇帝在位30年，他的儿子咸丰皇帝30岁时病死在了热河；咸丰皇帝19岁即位，而他的儿子同治皇帝恰好在19岁这一年因病而去世。

看看，两个30和两个19组成的数字巧合，如此微妙地演绎了祖孙三代皇帝的生死与继位，巧合得令人惊叹。

当然还有其他的"巧合"，许许多多，举不胜举，等待我们去发现。

还有巧合十分微妙：清朝在位时间最长的康熙皇帝为 61 年（1723-1662=61）；慈禧太后策划的"辛酉政变"从 1861 年 8 月 22 日咸丰皇帝在热河"驾崩"那天开始；道光王朝之后，从咸丰王朝开始，满清王朝一共残存了 61 年（1911—1850=61），满清王朝的最后一帝宣统皇帝于 61 岁这一年去世；而 61 颠倒过来为 16——后金改为"清"的年代数字是 1616 年，而清兵入关在 1644 年——4 乘 4 还得 16。

康熙画像

多么神奇的数字，多么微妙的链接。

实际上，如此微妙的"另类数据"，在人类社会发展的历史过程中随处可见，俯拾即是，令人叹为观止。

第七章　贯穿历史的缝隙

两位总统同时逝世

　　昆西，是一个听着耳熟的词。它是一个小镇的名字，小镇在昆西海湾的南岸，因海湾而得名，距离波士顿只有七英里。

　　昆西是一个美丽的小城。除了亚当斯父子，因在美国独立战争期间任大陆会议主席而被一些历史学家称为美国"真正的第一总统"的约翰·汉考克，也诞生在这里。所以，昆西也被人们称作"总统城"。

　　美国革命发起于北方的马萨诸塞，亚当斯是革命初期最主要的领导人。当时在北美，不同的殖民地就像不同的国家一样，在心理上彼此也有很大阻隔。亚当斯看到，没有南方弗吉尼亚的全力参与，美国革命是不可能成功的。1775 年 6 月，第二届大陆议会期间，正是在约翰·亚当斯的提议和促成下，来自弗吉尼亚的乔治·华盛顿被任命为大陆军队总司令。一年以后，又是约翰·亚当斯的极力举荐，来自弗吉尼亚的安

昆西小镇

静寡言的托马斯·杰斐逊得以参加以亚当斯为首的五人起草小组，并且执笔起草美国历史上第一个最重要的文献——独立宣言。

独立战争胜利后，1789 年，乔治·华盛顿当选为美国第一任总统，约翰·亚当斯是他的副总统。在只有四个人组成的内阁里，托马斯·杰斐逊被任命为国务卿。他们创立了人类历史上第一个联邦制的共和体制的大国，而他们这几个人，是创建这一丰功伟绩的患难战友。

建国以后，约翰·亚当斯和托马斯·杰斐逊在治国理念和方略上的分歧开始浮出水面。

1796 年，乔治·华盛顿发表《告别演说》，坚辞连任总统，回归故里。糟糕的是，按照当时的选举规则，正副总统是由总统候选人中得票最多的两个人分别担任，1796 年大选，亚当斯当选为总统，而和他政见不合的杰斐逊成了他的副总统。治国理念的不同，引出方略的背离，尤其是政治活动中的个人作为损害了他们之间长久的私人友谊。这一对总统和副总统在内政外交的几乎所有重大事务上都针锋相对。

1800 年，由于反颠覆法侵犯民众新闻言论自由而引起普遍不满，亚当斯在大选中败北，他的政敌杰斐逊上台。1801 年 3 月 4 日，杰斐逊宣誓就任总统。在就职演说中，他或许有所触动，向亚当斯一方发出了和解的信息，他说："我们都是联邦党人，我们也都是共和党人。"可是，亚当斯听不到杰斐逊的呼吁。这个时候，亚当斯的马车正孤独地颠簸在回到北方昆西小镇的路上。他的心已经碎了。

约翰·亚当斯回到昆西的时候，沮丧而愤懑。可是，两人仍然怀着老友之间复杂的感情，私人关系并没有真正破裂。直到差不多四年以后，一个偶然的机缘，双方内心的不满被挑开，两个多年好友终于断绝来往。

1808 年大选，杰斐逊卸任。回归弗吉尼亚故里以后，他仍然是忙碌的。他是一个多方面的天才。与此同时，亚当斯却痛苦不堪。在这些年里，除了家人，给予亚当斯最大安慰的，是他的另一位老朋友，美国《独立宣言》的另一位签署者，本杰明·拉什。拉什是一个医生和医学教授。作为一个开国者，他自然是亚当斯和杰斐逊两人共同的朋友。在亚当斯最痛苦的日子里，他持续不断地和他通信。对于亚当斯，拉什是一个最合适的疗伤者，他们讨论历史和对于历史的评判以及对时事和政局的看法。

1809 年，拉什在给亚当斯的信中，描绘了自己有生以来最奇妙的一个梦。他梦到亚当斯写了一封短信给杰斐逊，祝贺他终于能够从公职上退休，然后杰斐逊回了一封充满善意的信。他梦到在此后的在几年里，亚当斯和杰斐逊相互通信，对他们犯过的错误有所认识，分享美国革命的成果，并且弥合了他们众所周知的友谊。他甚至梦到了他们的死亡：他们俩满载人们的赞誉，双双同时沉入坟墓。

杰斐逊像

两年之后，1811 年，亚当斯向来访的一个朋友表达了自己对杰斐逊的友情，他表示，自己与杰斐逊之间在治国理念和方略上的分歧，从来没有扼杀他对杰斐逊的感情。过去如此，现在还是如此。杰斐逊闻讯之后，立即向拉什写信，表达了他对亚当斯以往政治判断力的敬佩。几天后的 1812 年元旦，亚当斯走出关键的一步。他给杰斐逊寄出了一封信，说是要给杰斐逊寄两块"家织的土布"作为礼物。杰斐逊收到的时候，才发现那是亚当斯的儿子约翰·昆西最近出版的两卷著作。

在此后的 14 年里，北方马萨诸塞州的海边小镇昆西和南方弗吉尼亚的杰斐逊庄园之间，开始了美国历史上最著名的通信。整整 14 个春秋，美国的第二任总统约翰·亚当斯和第三任总统托马斯·杰斐逊，在各自的家里，用笔，用信纸，回顾了他们那一代革命者破天荒的经历和功绩。他们所达到的人生辉煌，几乎无人可以企及。

在筹备庆祝国庆 50 周年的时候，弗吉尼亚和马萨诸塞的人们分别向杰斐逊和亚当斯发出邀请，可是两位老人的健康都不允许他们出席任何公众场合了。杰斐逊用几天的时间，为报纸写下了他对建国50年的总结。

7月3日傍晚，托马斯·杰斐逊突然昏迷。他的最后一句话是问身边的医生和家人："今天是四号了吗？"他的生命在昏迷中顽强地坚持，似乎是在等待一个命定的时刻。第二天，午后不久，这位卸任总统终于停止了呼吸。50年前的这一刻，美国的一代开国者正开始在他起草的独立宣言上签字。几乎就在杰斐逊死去的同一时刻，远在北方的昆西小镇，约翰·亚当斯坐在椅子上突然中风，失去知觉。下午，约翰·亚当斯去世。50年前的这一刻，美利坚合众国正式诞生了！

独立宣言的两位催生者，在独立宣言50周年这一天同时离开这个世界，相隔不到五小时。多年前他们的好友拉什的梦，竟然成了现实。

林肯与肯尼迪的巧合

亚伯拉罕·林肯和约翰·菲茨杰拉德·肯尼迪两位总统被刺事件常被相提并论，因为他们两人之间有一系列惊人的巧合之处。

亚伯拉罕·林肯首次当选为国会议员是1846年，约翰·肯尼迪正好是在100年后步其后尘。

林肯是在1860年11月6日当选为美国第16任总统的，肯尼迪则是在1960年1月8日当选为国家第35任总统。

在他们死后，继任他们的都是南方人，都叫约翰逊。安特鲁·约翰逊生于1808年，而林肯·约翰逊生于1908年。

刺杀林肯的那个

林肯雕像

人——约翰·威尔克斯·布思，生于 1838 年；而杀害肯尼迪的凶手——李·哈维·奥斯瓦德，则出生于 1938 年。两人都是南方人，也都是尚未审判就被枪杀。

布思在剧院犯下罪行，逃入一座谷仓。奥斯瓦德是在一座仓库的窗口对准肯尼迪扣动扳机的，然后逃进一家剧院。

而且两位总统对自己的死亡都有着奇特的预感。

在被刺的那一天，林肯对他的卫兵威廉·H. 克鲁克说："我相信有人要谋杀我……我毫不怀疑他们会动手……如果发生这样的事，是无法阻止的。我没有任何办法。"

而肯尼迪毫不怀疑地对他的妻子杰姬（杰奎琳）以及他的私人顾问肯·奥唐纳尔说："如果谁想从窗口用步枪向我射击，谁也无法防止，因此又何必多操心呢？"

他讲这话是在 1963 年 11 月 22 日。肯尼迪是在讲了这话几个小时之后被枪击中的。

林肯和肯尼迪两者都是历史上有名的民权运动者。两人都是在星期五被枪杀的，并都是被击中头后部。两人的妻子都在场。

林肯是在福特大戏院遇刺的，肯尼迪则是在汽车上被刺的，汽车是福特汽车公司出品的，是林肯牌。

另外最后一个不幸的巧合是肯尼迪有一个名叫伊夫林·林肯的秘书，据报道，他曾劝告肯尼迪不要去达拉斯。

这些巧合的不可思议之处让人怀疑这些事情，可是，这些巧合千真万确。

每隔 20 年美国总统遭厄运

美国从 1840 当选的总统开始，每隔 20 年所当选的总统就一定会死在任上。

美国的总统山

1840 年当选的总统、辉格党人老威廉·哈瑞森，上任后一个月先是受凉，后转成肺炎，怎么都医不好，最后不治身亡。

1860 年当选的第 16 位总统、共和党人林肯 1865 年在剧院观剧时遭南方奴隶制分子暗杀，被刺身亡，死在第二任上。一个南方联盟的同情者布思开枪后逍遥法外。

1880 年当选的第 20 位总统、共和党人加菲尔德于 1881 年在火车站被一位寻求领事职位未遂的律师开枪射中，两个多月后因感染和内出血而去世，死在任上第 10 个星期。

1900 年连任的第 25 位总统、共和党人麦坎尼 1901 年被柯佐罗滋枪杀，死在任上。刺客说："我尽自己一份责任。我不认为一个人该有这么多的工作可以做，而另一个人（我）无事可做。"麦坎尼对华政策是著名的"开放门户政策"。这期间中国爆发了义和团运动。

1920 年当选的第 29 位总统是共和党人哈定，1920 年暴病而死。有人相信是哈定陷入腐败丑闻，为了免于受弹劾羞辱，哈定夫人毒死了丈夫。

1940 年连任的第 32 位总统、民主党人小罗斯福，是 1945 年病死在任上的。

1960 年当选的第 35 位总统、民主党人肯尼迪，是 1963 年遇刺身亡的。

1980 年当选的第 40 位总统是共和党人里根，他在 1980 年遇刺，身负重伤大难不死，是惟一逃过厄运的总统。刺客只是为了向女演员福斯特（Jodie Forter）献爱心。

据说由于一个印第安人首领特科抹人在天之灵的诅咒，才会使美国的总统隔20年就遭厄运。可是，真的是这样的吗？难道这个人的诅咒有那么灵验？或者，这些都只不过是一个巧合而已？

美国白宫和英国首相发言人辞职巧合

2003年5月19日，英国首相布莱尔的官方发言人戈德里克·史密斯表示，他希望"在今年晚些时候"辞去自己所担任的职务。

史密斯认为，发言人是一份非常好但要求很高的工作，但他觉得自己不能永远从事这个职业。史密斯说："经过深思熟虑后，我感到现在是做些其他事情的时候了。"

史密斯表示，这完全是他自己的决定，没有任何深层原因，他也不知道今后是否会继续从事行政事务或者转行。

同日，美国白宫主要发言人阿里·弗莱舍也宣布，他将于今年7月辞去白宫新闻秘书职务，进入私营部门工作。据报道，五角大楼的发言人维多利亚·克拉克或白宫副新闻秘书斯科特·麦克莱伦可能是接替他的人选。弗莱舍在接受电话采访时说，他离开白宫的时候已经到了，他希望在布什连任总统竞选攻势全面展开前辞去白宫发言人这一艰难的职务。弗莱舍还表示他辞职后将在私营行业谋职。

经过"9.11"恐怖袭击事件、阿富汗战争和伊拉克战争，弗莱舍俨然成为布什政府的"形象代言人"。报道称，现

美国白宫

年 42 岁的弗莱舍已在政府中工作了 21 年。他有时与白宫的新闻班子发生矛盾，而且与布什手下一些高级助手关系紧张。但是弗莱舍说辞职决定是他自己作出的，他已将此决定告知布什总统。

史密斯说，这真是一个意外的巧合，出现这样的巧合令人觉得非常"怪异"。

奥运纪念邮票的巧合

我国为纪念奥运会的召开，曾多次发行邮票。1980 年，我国运动员首次参加第 13 届冬奥会，我国邮电部发行了"第十三届冬季奥林匹克运动会"纪念邮票；1980 年 11 月发行了"中国重返国际奥委会一周年"邮票；1984 年、1988 年、1992 年分别发行了奥运会纪念邮票；1996 年发行了"奥运百年暨第二十六届奥运会"邮票。

在发行的这么多的奥运邮票中，特别值得一提的是，我国 1984 年洛杉矶奥运会开幕前发行的一套六枚的纪念邮票，它与我国运动员在这届奥运会上的比赛成绩，竟有好几个巧合。这些巧合至今还是人们的美谈。

女运动员吴小旋夺得了射击比赛金牌，成为我国历史上第一个奥运会女冠军，而这套邮票的第一枚画面就是一个女射击运动员。

女运动员周继红在跳台跳水比赛中，夺得最后一枚金牌，而这套邮票的最后一枚画面又正好是一个女跳水运动员。

这套邮票的第四枚是"体操——鞍马"，面值"10 分"，而在这届奥运会的"鞍马"决赛中，李宁正好得了一个"10 分"。

这套邮票的第五枚，即倒数第二枚的主题是"女排"，而我国女排获得的金牌也恰好是我国 15 枚金牌中的倒数第二枚。这枚邮票的面值是"20 分"，而我国女排在这届奥运会决赛中三局比分加起来，正好赢了美国女排"20 分"。

这真是令人叫绝的惊人巧合。

欧洲杯的巧合

2004 年 7 月 5 日，贝克汉姆本届欧洲杯两次罚点球失误，都是在里斯本卢斯球场出现的。

本届欧洲杯的决赛变成了揭幕战的翻版，这是欧洲杯 44 年历史上的头一遭，仿佛 23 天的比赛只不过是两支球队的一场游戏。其实，荷兰队在 1988 年欧洲杯有过跟葡萄牙队同样的遭遇，只不过荷兰队的首场比赛并不是揭幕战而已，而如果葡萄牙队当日清晨夺冠，那他们的命运将跟 1988 年的荷兰队一模一样，而且他们国家的俱乐部也恰恰夺取了当年的欧洲冠军联赛（1988 年为欧洲冠军杯）冠军，这就是巧合。

在欧洲杯的历史上，每一届都有东道主球队杀进 4 强，而且东道主一旦杀进决赛就能够夺冠。在 1988 年之前，东道主获得了 3 个冠军、1 个季军。从 1988 年开始，东道主连续 4 届都是获得季军。而如果葡萄牙队当日清晨夺冠的话，还将延续欧洲杯东道主"逢 4 的年份夺冠"的宿命，就像 1964 年的西班牙队和 1984 年的法国队一样。

本届欧洲杯 1 / 4 决赛结束后，欧洲 5 大联赛的代表队全部出局，其中西班牙队、意大利队和德国队在小组赛就已经出局。这样的局面与今年的欧洲冠军联赛的格局何其相似，这就证明其实本届欧洲杯的种种迹象实在并不存在"冷门"，这一切在欧洲

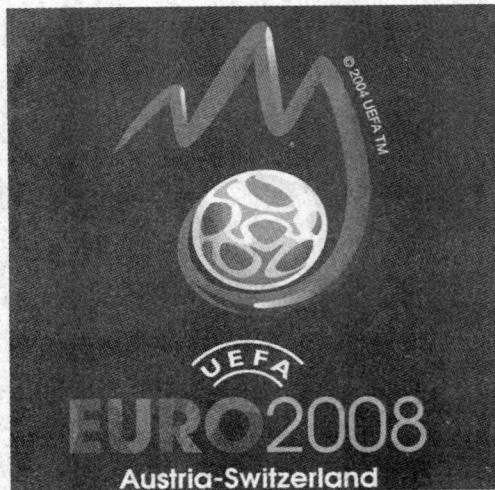

2008 年欧洲杯标志

冠军联赛上已经有了苗头，我们不应该只是说这是一种巧合，更应该清晰地知道这是欧洲足球发展到如今的一种必然。

英格兰队除了本届欧洲杯上是因为在"点球大战"中负于葡萄牙队外，在 1990 年的世界杯和 1996 年的欧洲杯、1998 年的世界杯上，都是在"点球大战"中被淘汰出局。有意思的是，贝克汉姆在本届欧洲杯上陷入了"点球魔咒"，他先是在小组赛对阵法国队时射失一个点球，导致英格兰队被法国队"逆转"击败，在 1/4 决赛的"点球大战"中又一次射失点球。巧合的是，小贝射失两次点球的地方都是卢斯球场。

而荷兰队终于在本届欧洲杯上改写了 12 年的"点球厄运"，他们在 1/4 决赛中凭借点球以 6∶5 击败瑞典队。

意大利队又一次博得了大家的同情，由于瑞典队和丹麦队打成 2∶2，卡萨诺终于打进本届欧洲杯最"悲情"的进球，意大利队成为欧洲杯历史上第一支一场不败依然被淘汰的球队。

虽然瑞典队和丹麦队的"默契球"跟 2002 年韩日世界杯的"黑哨"一样让意大利人找到了借口，然而，这次他们的出局与 1996 年欧洲杯时何其相似。

麦克斯韦与爱因斯坦的巧合

麦克斯韦于 1831 年 6 月 13 日出生在苏格兰爱丁堡的一个名门望族，从小便显露出数学天才。他在 14 岁时就写了第一篇科学论文，次年发表在爱丁堡皇家学会的刊物上。1847 年中学毕业后他进入爱丁堡大学学习数学、物理学和哲学。1850 年转入剑桥大学三一学院，主攻数学和物理学。1854 年以优异成绩毕业。

麦克斯韦是科学革命前的重要转折人物。一方面，他是近代物理学的巨匠、经典物理学大厦的主要完成者之一；另一方面，他由于加速了牛顿力学观的崩溃而成为现代物理学的先驱。麦克斯韦对科学的伟大贡献在于他提出和发展了新的世界观，为未来的科学研究指明了方向。他的电磁学理论通向相对论；他的气体动力学理论对量子论起过作用；他筹建并领导的卡文迪许实验室引导了实验原子物理学的发展。这一切使他成为牛顿之后、爱因斯坦之前最重要的物理学家。

麦克斯韦生前没有享受到他应得的荣誉，因为他的科学思想和科学方法的重要意义直到 20 世纪科学革命来临时才充分体现出来。然而他没能看到科学革命的发生。

1879 年 11 月 5 日，麦克斯韦因病在剑桥逝世，年仅 48 岁。那一年正好爱因斯坦出生。

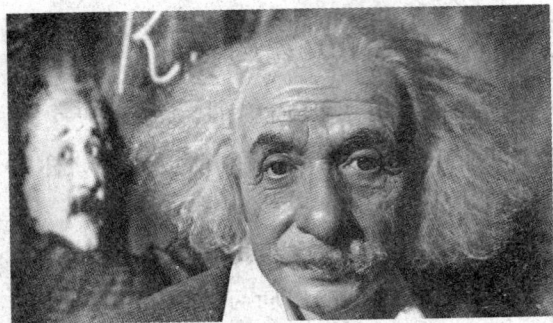

1879 年 3 月 14 目，一个小生命降生在德国的一个叫乌尔姆的小城。父母为他起了一个很有希望的名字：阿尔伯特·爱因斯坦。爱因斯坦大学毕业时，正赶上经济危机爆发，由

爱因斯坦

于他是犹太人血统，又没有关系，没有钱，所以只好失业在家。为了生活，他只好到处张贴广告，靠讲授物理获得每小时 3 法郎的生活费。这段失业的时间，给了爱因斯坦很大的帮助。在授课过程中，他对传统物理学进行了反思，促成了他对传统学术观点的猛烈冲击。经过高度紧张兴奋的五个星期的奋斗，爱因斯坦写出了 9000 字的论文《论动体的电动力学》，狭义相对论由此产生。可以说，这是物理学史上的一次决定性的、伟大的宣言，是物理学向前迈进的又一里程碑。

科学史上这种巧合还有一次是在 1642 年，那一年伽里略去世，牛顿出生。

126

同月同日出生的音乐家

　　现代人对占星学应该不会陌生，它是五千多年前诞生的一种占卜法，经历了古希腊时期后，发展得越来越强盛。人们将复杂的传统占星学简化为直观易懂的"十二星座"，企望它能为人类生活的方方面面服务。后来，占星学与心理学、统计学等学科紧密相连，得出不少规律性的理论。

　　就拿音乐家为例。同星座的音乐家在个性上当然不一定如出一辙，但确有些相似的巧合。比如说，白羊座似乎确实在富有领导才能的指挥家方面人才辈出。还有两对演奏同样乐器的音乐家，竟然是同一天生日：钢琴家毛里齐奥·波利尼和阿尔图罗·贝内代·蒂·米凯兰杰利都是 1 月 5 日出生，他们是师徒，都是摩羯座的，演奏风格也很相似。

毛里齐奥·波利尼

　　毛里齐奥·波利尼，意大利钢琴家，1942 年出生。早年在威尔第音乐学院从名师学习钢琴，并兼学作曲。

　　1960 年获国际肖邦钢琴作品比赛大奖。1971 年以后在欧洲旅行演出，颇获成功。他的演奏风格干净利落、健康明快，没有一点忧伤的影子，给人以力量的感染，他弹出了生活的赞歌，是一位热爱生活的钢琴家。

　　阿尔图罗·贝内代·蒂·米凯兰杰利，意大利钢琴家，生于 1920 年。早年就学于布雷西亚和米兰音乐学院。1939 年，他在日内瓦国际音乐比赛中获奖，从此名声大振，活跃于国内。

　　二战之后，他在欧洲各地旅行演出，引起轰动。1972 年，他移居瑞士，成为国际上瞩目的钢琴大师。他的演奏具有一丝不苟的求全精神。

还有两位小提琴家也是同月同日出生的，他们是雅沙·海菲兹和弗里茨·克莱斯勒，生日同为 2 月 2 日，水瓶座，这两位都是跻身于最杰出之列的炫技小提琴演奏家。

字谜里的登陆计划

1944 年，在诺曼底登陆战役之前，一个意外的事件震动了英国保安部门。

1944 年 5 月下旬的一天，英国最高司令部一位参谋乘火车上班时闲坐无聊，便猜《每日电讯》上的字谜消磨时间。猜出第一个单词时这个参谋不禁大吃一惊，谜底竟是诺曼底作战计划中两个主要登陆点之一的代号"犹他"！更让他吃惊的是，第二个字谜的谜底竟是另一个登陆点的代号"奥马哈"！他接着猜下去，一连串诺曼底登陆计划中的重要机密陆续出现。其中，有盟军在西北欧战略计划的代号"霸王"；有秘密修建的海港代号"桑树"；有大举进攻计划的代号"尼普顿"……这位参谋顿时目瞪口呆起来。这太严重了。

这位参谋赶紧向保安部门汇报这件事情。参谋这意外的发现，使盟军面临一场严重的危机。保安部门非常重视这件事情，他们觉得这是一个严重的泄密事件。

保安部门立即将字谜作者秘密逮捕。在调查中发现，作者只是一个普通的小学校长。小学校长说："这个字谜我只是用来娱乐的，并没有什么秘密。而且，

诺曼底海湾

我对机密事件根本就不感兴趣的。我感兴趣的是我的家庭与我的学生。"保密部门知道了情况后，就释放了这位普通的小学校长。因为他们发现，字谜是在发表前 6 个月编成的，而那时盟军的"尼普顿"计划尚未制定。很显然，这次被疑为"重大泄密事件"的不过是一场罕见的巧合。

亚特兰蒂斯与史前文明的巧合

作为文明古国之一的埃及，金字塔可谓是其古老文明的标志，埃及法老的尸体被制成木乃伊保存在这里，从这看来金字塔似乎只不过是一座座用以盛装尸体的坟墓而已。但你是否会提出这样的一个问题，这些坟墓为什么不是矩形的、方形的呢？现代科学的实验证明金字塔形容器具有独到的防腐性能，它能利用微波振荡形式防腐，是保存尸体的绝妙方式。

然而，这一切现代方才证明了的方法，竟被古老埃及人早所利用，难道这是偶然的吗？再有，建造金字塔所用的如此多的巨大石块，就是用现代的设备来搬运也足以令人们绞尽脑汁了，而在缺少人力物力的古埃及是什么力量使得这些庞然大物规整地排列成这副模样的呢？

无独有偶，在远隔重洋的南美洲玛雅人和印加人也建造了同样类型的金字塔。这仅仅是巧合吗？我们姑且认为金字塔防腐性原理古埃及人并不知晓，建造金字塔形只不过是一种巧合，而搬运石块也是用的人力（假设这些），这一切都是偶然的，但下面一例就不能说仅仅是巧合了。

据考古学证明，几百年来非洲马里的多根部落一直在拜祭一颗肉眼无法看见的恒星——天狼 β 星。就是小型望远镜都难以将其从天狼星的辉光中分辨出来，何况多根人仅用肉眼。更为奇怪的是，多根人还知道它是在以椭圆型轨道绕天狼星运转，知道它的运转周期，知道它有很大的比重，并且知道它含有一种地球上所没有的物质。直到 1865 年天文学家才用大望远镜发现天狼 β 星，后来发现它有椭圆形轨道；到 20 世纪，

夜空中的天狼星

方才测出天狼 β 星的比重约为每立方英尺两千吨，这与多根人所知道的是多么的吻合呀！然而这是近代利用了先进的仪器设备才发现的，且到现在为止都未真正发现天狼 β 星上所含的"地球"上没有的那种物质，这是否说明现代人的科学水平不如千百年前的多根人的科学水平高呢？显然不是。那多根人到底是通过什么方法准确地知道这么多关于天狼 β 星的奥秘的呢？

中美洲印第安人的霍皮斯部落，在他们的编年史里记载着地球的三次特大灾难：第一次是火山爆发；第二次是地球脱离轴心后疯狂地旋转；第三次是 12000 年前的特大洪水。这第三次灾难曾使全球的水位上升，淹没了大西洋、地中海、加勒比海等地区的一些陆地及岛屿，后来又由于海底火山的爆发部分陆地下沉形成世界性的特大洪水，这场洪水使得一个具有高度文明的国家顷刻间变得无影无踪。这就是现在的最常见的一种关于古代高度文明的发源地——大西国失踪的说法。其出处最早见于古希腊哲学家柏拉图的著作《侪麦亚》和《克里齐》中。在柏拉图著作中写道：公元前 9600 年左右，存在一个名叫亚特兰梯斯的地方，其陆地面积比小亚西亚与北非之和还要大，这里气候温和森林茂盛，其文化水平相当发达，这里的人口估计有 3000 万，这个大陆由于一次特大洪水一夜之间便沉入了海底。这个故事与印第安人纪录的那一次 12000 年前的特大洪水不谋而合。

我国《藏经》中记载，公元前 9564 年，在今天的巴哈马群岛、加勒比海以及墨西哥湾处的一片大陆地可能沉入了大西洋。暂且不管写《藏经》的人是怎样知道这件事的，这从时间上与大西国的传说有着惊人的相似之处。再如有关诺亚方舟、大禹治水等等传说，都说明在公元前1000～公元前9000年左右，的确发生过一场全球性的特大洪水，可能毁灭了一个已具有了高度文明的国家。如果这个文明社会确实曾经存在过的话，那南美与非洲的一些惊人相似的奇迹就有可能共同来源于亚特兰梯斯人，其创造奇迹所需的技术亦极可能是亚特兰梯斯人提供的，而印第安人和多根人所具有的天文学、数学等知识也是由亚特兰梯斯传播而来的，大西国不但将其自己的文明传播给了印第安人和非洲人，而且还充当了南美和非洲之间文化的媒介，它的存在对当时的整个地球文明的发展起着巨大的推动作用，要不是由于那场灾难深重的洪水的袭击，说不定目前地球实际文明比现在高得多。虽然说从大量证据来看，大西国的存在是可以肯定了，但我们终究没有拿出一个真正的物证来，甚至连亚特兰梯斯大陆的确切位置还众说不一。

遗信百年救后人

1914年8月，爆发了同盟国和协约国之间的第一次世界大战。1915年4月，一支法国军队和数倍于己的土耳其军队，在埃及战场的西奈半岛展开了激战，一时间战场上到处都是尸体。到了4月14日傍晚，法国军队仅剩下了35人，并且也已弹尽粮绝，四周被土耳其军队紧紧地包围着。此刻，马什尔上尉手里掂着一颗子弹，眼望着派出去寻求救援的一个个信使的尸体，他想起了他的曾祖父老马什尔上尉牺牲之处，也是在西奈半岛的一个荒凉地方。

正在这时，他看见仍充满斗志的中尉领着一个身披斗篷的阿拉伯老人站在眼前，老人确认他就是马什尔上尉时，很激动地从怀里慢慢地掏出一个皱巴巴的发黄的旧报纸袋，颤抖地递给马什尔上尉。上尉接过纸袋一看，只见上面很潦草地写着"马什尔上尉"五个字，字迹几乎辨认

土耳其的清真寺

不清。马什尔小心翼翼地打开纸袋，拿出一封发黄的信来。借助微弱的火光，马什尔仔细地辨读着信的内容，由于字迹很潦草，马什尔费了很大的劲才断断续续地认出来。"亲爱的马什尔：接到此命令，请立即……这封信由一位年轻的阿拉伯人转交给你……看完信后，立即寻找埋在堡垒和地下的食物、军需……拿出你们最需要的，然后把剩下的物品毁掉……你们从埃及前线撤离……有三条路，但不可走滨海那条……从中间那条可一直穿过沙漠……要像保护眼睛那样保护附在信内的地图，并根据地图找到……废墟后面有一泉眼，能……胜利。1798 年 4 月 14 日，波拿巴·拿破仑"。

老人告诉他，这封信是拿破仑将军在 1798 年交给老人父亲的。那是 1798 年，拿破仑将军率领一支法国劲旅远征埃及。4 月份，其部下老马什尔上尉率领的一支军队在西奈半岛陷入了土耳其军队的重重包围。拿破仑得知情况后，立刻给老马什尔上尉写了一封信，信的大概意思是指导他们如何突破重围绝处逢生。拿破仑把这封信交给了一位熟悉当地地形的年轻的阿拉伯军人马洛卡。马洛卡接受任务后，立刻昼夜兼程地赶往交信地点，但是已经迟了，没有找到老马什尔上尉及其军队。原来老马什尔上尉率军在经过一

拿破仑将军

番激战后，突破了土耳其人的包围，但是由于不熟悉当地地形，被沙漠吞噬了。

马洛卡不知道马什尔上尉已带领部队走上绝境，一直自责自己没能完成任务。1874年，90余岁的老马洛卡去世前，还一直悔恨自己没有完成送信的任务。临闭眼时，老人郑重地把信交给了他的儿子小马洛卡，并再三嘱咐一定要找到马什尔上尉，亲手把信交给他。

小马洛卡为了完成其父的嘱托，整整寻找了40年，此时他已超过89岁了。也许是命中注定吧，他终于把这封历时一个多世纪之久的信件，在同一个地点亲手交给了收信人"马什尔上尉"——老马什尔上尉的曾孙。

马什尔上尉激动异常。在老人的指点下，马什尔上尉他们在要塞的后边找到了废墟，出人意料地找到了他们最急需的弹药和食粮，这使他们个个惊愕不已。不过这些食物和弹药并不是拿破仑遗留给他们的，而是大战刚开始时，德国人和土耳其人储藏在那里的。获取了弹

奇草集

药和食物以后，马什尔上尉他们按照地图上的路线终于走出重围，绝处逢生。

一封拿破仑于1798年4月14日写给其在埃及同土耳其人作战的部下军官老马什尔上尉的信件，在100多年以后拯救了同样率军在埃及同土耳其军队作战而陷入绝境的老马什尔上尉的曾孙小马什尔上尉的性命。真是一个奇迹。

中西方历史上的巧合

中西方历史上曾发生许多巧合事件，不仅性质、规模极其相似，而且都发生在相同时期，东西相映，十分有趣。

一、公元前 3000 年左右，埃及金字塔王朝建立，恰与《史记》中所载的中国炎帝、黄帝同时代。两者俱为东西方文化始源。

二、公元前 22 ～公元前 18 世纪，古巴比伦创建了以月亮围绕地球旋转周期计算的历法，与我国夏朝所使用的阴历不仅同时，而且都是每隔 2～3 年置一闰月，二者如出一辙。

三、西方伟大的《荷马史诗》产生于公元前 9～公元前 8 世纪，公元前 8 世纪，与中国伟大的《诗经》产生时代恰好相同，两者东西相映，俱在世界诗坛发出灿烂的光辉。

老子雕像

四、公元前 6～公元前 3 世纪，为希腊、古罗马文化鼎盛时期，也正值中国春秋战国时期。东西方都处在学术上百家争鸣（西方有苏格拉底、柏拉图、亚里士多德，中国有孔子、墨子、老子、庄子等），军事上天才辈出（西方有波斯居鲁王、马其顿亚历山大大帝，中国有孙武、吴起、孙膑等）的辉煌时代。

五、中国孔子与印度释迦牟尼生于同时代，两人年龄只差 14 岁，一个开创了延续 3000 余年的东方传统文化——儒学，一个创建了世界最大的宗教之一——佛教，两人一东一西，一儒一佛，都对世界产生了重大影响。

六、莎士比亚、汤显祖不仅是同时代的人，而且同于公元1616年去世。莎士比亚为西方戏剧之父，汤显祖为中国戏剧之祖。

七、公元632年，李渊、李世民父子统一全中国，建立大唐；穆罕默德创建阿位伯帝国，两国分别雄踞东西，同样强大，繁荣，疆域也同样宽广。

八、俄国彼得大帝与中国康熙皇帝同时登位，相继去世。（康熙死于1722年，彼得死于1725年）。彼得大帝开创了俄罗斯帝国，康熙皇帝奠定了东方最强大帝国，两人俱为一世雄主。

李世民画像

第八章　无巧不成书

是谁绑架了小猴

奇闻导视

看守严密的笼中小猴突然失踪。野猴失宠，转悠四周到底为何？绑架是否真是一件难事？动物世界奇妙真难说清。

奇闻奇谈

通常我们在报刊杂志新闻上看到关于绑架的新闻中，主角大多是小孩子。而没想到，在北京八达岭野生动物园，竟然发生了一起绑架小猴子的事件，这到底是怎么回事呢？并且，当最后揭开犯罪嫌疑人身份的时候，更是大吃了一惊，这绑匪到底又是谁呢？

北京八达岭野生动物园正门

我们来到了北京八达岭野生动物园。在拐猴案件发生后，原本关在笼子里的两只小猴，如今只剩下一只。据目击者称，这起拐猴案件非同小可，作案团伙不仅布局缜密，行动之快更是出人意料。那么到底是谁打开了笼子，这是一场什么样的猴子绑架案呢？

在工作人员的带领下，我们来到了案发现场，看到了剩下的那只小猴。工作人员告诉我们说："原来的两只猴子，本身意义上讲都不是猴王的孩子，所以现在猴王统治着猴群，按照他的家族观念根本不接受这两只小猴。预示，猴群也就不接纳他们，排斥他们，最后也就把他们赶出去了。"

幸好工作人员及时发现了这种排斥现象，把两只小猴救了出来，要不还真不知道会遭受怎样的惨状呢。而后，两只小猴就单独放在了笼子里，安放在了工作人员每天接收动物饲料房间的屋顶上。由于园区监管森严，对于游客来讲是不大容易发现和接近小猴的，那么笼门又是谁打开的呢？

就在我们把目光投向四周的时候，附近的草丛中、人行路上却总会有两三只大猴出没，偶尔还会向游人讨吃的。可是我们知道，被关在猴山上的猴子是不可能随便跑出来的，那么这身份不明的猴子是从哪来呢？

我们为此采访了动物园的范总经理，他告诉我们说："在猴山栅栏外头有一群野猴，他们是以前老猴王的手下。猴王争霸的时候，老猴王被打翻了，他的那帮重臣，以前为虎作伥做多了坏事，狼王败了之后，他们便被赶出了猴山，只能在这外边活动。他们有一个活动范围，就是每天早上在栅栏外的山坡这边集合，然后沿着外面的围网，找点饲料。到了中午，则到儿童乐园那边去，因为这时候会有很多游客喂山羊和小熊，会有一些食物。

如此说来，两只小猴的笼子

调皮可爱的小猴

恰好在野猴经常出没寻食的范围，看来，小猴的绑架很可能与这群野猴有关。这里的饲养员说，他经常看见几只猴子在笼子周围转悠，他认为，这绑架案的犯罪嫌疑人——就是这群野猴。

可也有很多人不这么认为，另一位动物园工作人员说，猴子是一种警惕性非常高而且非常聪明的动物，它们为保证自己的安全，就连吃东西、睡觉也都要有站岗放哨的；而且他们采取行动之前，是不会轻举妄动的，这已经是一种习惯了。野猴在警惕的哨兵眼前劫走小猴，这是极其有难度的！

这时，又有人提出了一个震惊四座的看法，一位饲养员说："这起绑架案件很可能是猴子们一次长期准备、计划周密的团伙行动！"

到底谁才是真正的绑架犯，争论毕竟得不出一个准确的答案。于是，我们决定到"案发现场"去寻找罪犯的蛛丝马迹，希望能有所突破。果然，在这里，我们发现了一个重要的线索：我们注意到，野猴在栅栏外的山坡上，其实很容易就能看到这两只被关在笼子里的小猴，并且也可以注意到饲养员每天的日常活动。这时，我们想到，正如大家所知，猴子的观察和模仿能力很强，它们能很快学会人的某些动作行为，不仅如此，它们还能很聪明地理解这些动作的目的。

奇闻思考

那莫非……我们开始浮想联翩。

自从小猴来到了屋顶，野猴们便开始一直观察这边的一切，并且在饲养员喂养小猴时，观察和学会了打开笼门的动作，同时更神奇的是算好了行动的最佳时机！随后，在案发当天、趁饲养员喂其他动物时，他们用最快的速度上树放哨、上房开笼，最后，劫走小猴！

奇闻揭秘

这种猜测是不是有些天方夜谭？当我们真的在猴山外找到了这只神秘失踪的小猴时，神话竟然变成了现实，果然是山上的那群野猴干的。

猴子绑架案件终于水落石出了。我们也不得不叹服，猴子们做事真是计划缜密、行动有序啊！无独有偶，国外动物行为专家也曾对猴子的思维方式进行过试验。他通过观察猩猩能否利用身边的工具喝到洒在地上的饮料，也得出了同样的结论：它们思维方式决不像我们想象中那么简单。

正在进食的猩猩

正如生物学家劳伯·舒梅克所言："从集体生活、使用工具等诸多事例，我们能很肯定地说，猴子具备很强的思维能力和很高的智商，这有力地说明人类并不是地球上唯一的思想家，其他一些较高等的动物也能思考，猴子就属于这一类。"

今天我们只是讲了一个野猴犯下的绑架兼拐骗案，其实，这个有趣的事件也让我们感慨不已：猴子们的思维方式真的很奇妙！想必在猴子的世界里，同样也会有跟我们人类一样的爱恨、情仇……

杨树林怪圈之谜

奇闻导视

树木为何大片离奇死亡？树林中间的圆形区域到底隐藏着什么？京城郊外扑朔迷离的神秘现象作何解释？

奇闻奇谈

当提到冤情时，大家总会想到窦娥，她的冤屈让六月都天降大雪。

但是，窦娥毕竟是人，还可以说出是谁将她害到如此地步。而这次我们说到的是北京郊外的一片杨树林，它们到死也没能让人们知道谁是罪魁祸首，莫非它们比窦娥还冤吗？或者这就是个解不开的谜？

这片郁郁葱葱的杨树林，坐落在北京大兴区马驹桥镇前银子村的西侧，毗邻京津塘高速公路。从外表看，这里没有任何异常，但就在树林里，当地人发现了一个非常奇怪的现象，当我们跟随林地的承包人走进树林，准备一探究竟时，却被眼前的画面震惊了：就在这片树林的中央，有一个直径约80米的圆圈，在这个范围内，树木竟然全部都死掉了！

树林承包户谈起他第一次看到时的感觉说："那天，我站在当间，就觉得跟一个大圆锅似的。"

郁郁葱葱的胡杨树

我们走近圆圈内仔细观察，发现死亡的树木枝头上一片树叶也没有留，但扭头看这圆圈之外，树木却都完好无损，长势十分茂盛。这样的情景实在让我们感到惊讶，村民对此也是众说纷纭，但没有人能说出树木死亡的真正原因。

树林承包户更是觉得不能接受："我这片树，一直不错来着。不知道怎么今年突然这样了！"

这里到底发生了什么，是什么杀死了这片速生杨？而死亡的速生杨为什么会形成一个圆圈呢？会不会是病虫害惹的祸呢？

但承包户却说并非如此，他指着周围说："你看哪都不死，就我这。而且如果是虫害也还好说些，但南边我刚才看了也挺好。就是这一大圆圈不行了，都死了。"

奇闻思考

村民们说，这片杨树是在五月份的时候死亡的，但是，那个时候他们并没有发现任何成规模的虫害。而后，我们也认真观察，发现这里的树叶上的确没有明显的虫蛀现象，树干上也没有虫洞。

那否定掉了最可能的虫害现象，这些树到底为什么会离奇死亡呢？总不会真是天兆在预示着一些什么吧？

奇闻揭秘

为了解开这个谜团，我们将北京植物园熊德平工程师请到了现场。刚一走到这个地方，熊工程师就对树干发生了兴趣，而后，便向村民问起了这片杨树林春季种植管理的情况。

当他得知，这里的杨树在春季并没有得到充分浇灌的时候，突然笑了起来，一个想法浮现出来。

熊工对我们介绍说："在四五月份干旱期的时候，在树上有一种小泡，一个小泡状，稍微鼓起来一点，从外面看就是一个小点，这种小泡用手稍微一挤，就会流出很多汁液，而正是这些汁液将杨树置于死地。汁液杀死大树？面对我们困惑的表情，熊工继续向我们介绍着："这是一种叫杨树水泡溃疡的病，汁液里便是这种病的病菌。它是靠风和农活等渠道传播的。而只要这种病菌沾在杨树的外皮上，就会逐渐扩散，使杨树的外皮与树干分离，造成大树无法通过树皮获取必要的养分，树木便会在短时间内死亡。"

而造成这种病的主要原因就是，春天树木没有得到很好的浇灌，再加上全年干旱少雨，使杨树水泡溃疡病有了比较滋润的生活环境，接下来病菌便开始了大规模的扩散。

使树木生病的毛毛虫

但是，我们还是感到迷惑，为什么这片死亡的树木会形成一个很规整的圆形呢？病菌通常都是不规则扩散的，难道说是这片圆圈内土地的土质不好，才造成病菌在圆圈内大量扩散吗？

我们对此采访到当地的村民，问他们这块地原来种过什么，长势如何。村民的回答说，这里种过稻子，并且每季都能打上个千八百斤。这不得不让我们排除了刚才的猜测。

不是土质原因的话，又会是什么呢？在经过专家勘察之后，终于得出了一个初步的结论：由于这里的病菌主要是通过风来进行传播的，因此，染病树木上的病菌当然也是这种途径。所以，在传播病毒的过程中，传染病先是通过风力传播至临近的几棵树，然后通过临近的树木再进行扩散，这样传染区域就自然而然地形成了一个巨大的圆形。死亡圆圈形成的原因就这么解开了。并且，专家告诉承包户，"现在，先把已经死亡的树木砍掉并且烧掉，等明年春天的时候，给其他树木多浇水的同时喷打专用农药，就可以根治这种病了。"

终于，承包户禁皱的眉头舒展开了。

再造越王剑

奇闻导视

一位卧薪尝胆的国王留下了一把千古神剑，剑者圆盘内的 11 道神秘的同心圆是如何铸造？奇特的剑身又为何能发出幽幽蓝光？一个现代的钟表匠竟然突发奇想欲破解越王剑——传世之谜，他的高仿剑真的能被世人认可吗？

奇闻奇谈

国家博物馆曾经展出过来自湖北的大批珍贵文物，那里头最引人注目的，便是号称"天下第一剑"的越王勾践剑！这把剑大大地勾起了大家的热情。毕竟能历经 2400 多年依旧锋利无比，实在让人颇为关注。因此，它出土近半个世

越王勾践剑

纪以来，专家们一直在研究它的秘密。而就在两年前，各大媒体几乎同时报道了一个爆炸性新闻，那就是笼罩在越王勾践剑上的谜团被揭开了！而解开谜团的这个人，并不是考古界的专家，而是一个家住湖北省荆州市的普通市民。近半个世纪都没能让科学家们想出来的答案真的被一位普通市民找到了吗？

　　让我们来一探究竟吧！

　　一位充满传奇经历的君王，一个十年卧薪尝胆终成灭吴大业的君王，他，就是越王勾践。

　　时光飞逝，越王勾践的一生造就了许多不解之谜，就连他所使用过的宝剑都被披上了一层神秘的面纱。

　　1965 年 12 月，在春秋战国时代楚国的郢都纪南城遗址 7 公里处的望山一号墓里，出土了一柄沾满泥土的长剑。剑通长 55.7 厘米，宽 4.6 厘米。虽已深埋地下二千四百多年，但出土时依旧光洁如新，寒气逼人，锋利无比。试之以纸，二十余层一划而破。剑刃的精磨技艺水平，可同在精密磨床上生产出的产品相媲美。剑身上刻着"越王勾践自作用剑"八个鸟篆铭文。

　　越王勾践剑自从出土之日起，就引起文物界的极大关注，不仅仅是因为其历史悠久，还因为它带有太多谜团。越王勾践剑为何在水中浸泡 2000 多年仍锋芒毕露、寒气逼人，不锈不腐？绚丽的菱形暗纹是如何产生的？剑首上间隔只有 0.2 毫米的 11 个同心圆古人如何铸出？越王勾践

剑出土至今已有四十多个春秋，考古专家一直在潜心研究它的铸造工艺，而至今无果。

就在越王勾践剑出土近 40 年后的 2004 年，各大报刊媒体几乎同时报道了，湖北有一个叫许光国的荆州市民，仿造了一把越王勾践剑，并且解答了困扰考古界多年的古剑谜团。一时间，"越王剑铸造之谜被破解"、"破解千年古剑之谜"、"破解越王剑不锈之谜"等标题充斥着各大报刊、网络、电视。军事博物馆、中国国家博物馆还收藏了许光国高仿的越王勾践剑，今年由国家博物馆监制 1 000 把，面向全球公开发售，每把标价 1 9800 元。北京的一些考古界专家也对其高仿剑大加赞赏，给它打出了 90 分的高分。称许光国的高仿剑已达到乱真的程度。这到底是一把什么样的剑，能得到如此殊荣？世上真有如此的奇人，能破解越王勾践剑的千古之秘吗？

寻访湖北终见神剑真容

要想知道这一切，还是让我们把焦点转回到越王勾践剑上吧。40 多年过去了，当年出土的越王勾践剑现在在哪里呢？

5 月 18 日是博物馆日，我们得知国宝越王勾践剑，将在湖北省博物馆展出。这可是一个千载难逢的机会，我们可以近距离目睹它的尊容。博物馆日这一天，我们赶到了湖北省博物馆。

原计划我们只是在这里拍一些资料片，没有想到在采访过程中，得知在博物馆的办公室里，也有荆州许光国当年送来的一把高仿越王勾践剑。未见其人先睹其剑，这让我们的采访有了意外的收获。博物馆常务副馆长万全文，给我们展示了许先生的高仿剑。这是一把外表制作精美的青铜剑，剑全长 56.2 厘米，剑格宽 5.1 厘米，剑身布满菱形几何暗纹。剑格两面上分别嵌有绿松石和琉璃。剑身刻有两行鸟篆错金铭文，通体反射着耀眼的金光。令我们没有想到的是，当谈起许光国仿制越王勾践剑一事时，万馆长的反应却非常冷淡，这与北京有关专家的高度赞扬声，形成了鲜明的反差。湖北省博物馆为什么不买高仿剑的帐呢？难道许先生的这把高仿剑有什么不敬，冒犯了国宝越王勾践剑吗？

面对我们的疑惑，万馆长说："两把剑其实区别很大，首先是剑表面的菱形纹饰，这把剑用手摸是凹凸不平的。但原

中国历史博物馆

剑看上去虽然有槽，实际上是平的，是一致的。"

越王勾践剑出土40年来一直保存在湖北省博物馆，公开展出的机会不多，对于它的印象，我们也只有来自电视画面上的片刻记忆。许光国的高仿剑与越王勾践剑相比还有什么不同呢？为了消除我们的疑虑，万馆长带我们走进了楚文化展馆，到现场两剑实物对比。越王勾践剑竖立在恒温的玻璃柜中，依然风采奕奕，霸气十足。亲眼目睹，我们真正被震撼了：剑格正面镶有蓝色琉璃，后面镶有宝石，就像远古传说中神的兵器那样，在黑暗中也能看到幽幽的蓝光，剑身上布满了暗色的菱形花纹，纵横交错。

俗话说，不怕不识货，就怕货比货。万馆长现场教学，指出了高仿剑的致命硬伤。他说："这个是原剑和仿制剑的比较，大家可以看一看，从它的形制来看，相差不多。但是在几个关键的部位区别很大，比如剑刃部位从上往下内收的部位，还有慢慢放大的部分，原剑就更协调，

湖北省博物馆

而这把仿剑就显得不协调，更夸张一些，比例掌握得不是很好。

另外是同心圆的问题，原剑的同心圆做得非常的齐整，每一道圆的宽度是一致的，这把剑同心圆明显的不一致。它的深浅不一致，宽窄不一致。与原剑的同心圆相差太大。"

最后，万馆长总结说："复制剑是怎么做的我们现在还不是很清楚，但很明显，应该说他并没有掌握它的诀窍，也没有掌握它的制作方法。"

越王勾践生前从容面对过无数次的来袭和挑战，而他绝不会想到，在他去世 24 个世纪后的今天，还有人对他的宝剑下了战书。相距 2500 年的两把剑开始了近距离无言的对话。

俗话说，外行看热闹，内行看门道。在万馆长的指点下，我们也渐渐看出了一点门道。两剑相比，我们的第一感觉就是，剑身表面的色泽有着明显的差异。高仿剑剑身上的菱形花纹金光闪闪，但华而不实。而越王勾践剑剑身上的菱形花纹虽然呈现出暗灰色，却透出一种古朴的神韵。许光国的高仿剑，在剑身的设计上，存在着明显的设计失误，特别是剑身收腰部分的收缩比例不协调，过渡的线条生硬；相比之下，越王勾践剑则显得更加秀丽挺拔，给人以美的享受。

当年许先生就是手捧这把高仿剑进京赶考，得到了有关专家的满堂喝彩。而现场两剑对垒，结果却令人大失所望，为什么面对同一把高仿剑，两地专家们的判读却大相径庭？许先生的高仿剑仅在外形设计上，就出现了如此明显的破绽，这让我们对媒体报道的真实性产生了怀疑。许光国的高仿剑到底是怎样铸造出来的？高仿剑的背后还有多少不为人所知的故事呢？

修表匠为何痴迷越王剑

带着重重疑问，我们当天就驱车赶往距离武汉 200 多公里外的荆州市，寻找神秘的铸剑人许光国。

湖北省荆州市，自古以来就是兵家必争之地，三国时期关羽大意失荆州的历史典故，就发生在这里。这座历史古城已经见证了太多的沧桑巨变。

他就是被媒体和考古学家称为铸剑大师的许光国。今年60多岁的许先生，出生于三代修表世家，自幼爱好广泛，擅长绘画和书法，有工艺美术设计的一技之长。上世纪90年代初，许光国放弃了经营多年的修表店，打算在自己有生之年，做一件他想了很久的事。

他说："我的经济基础打稳了以后，我就全身心投入到研制青铜器的工作中。"

许光国为了实现他仿造越王勾践剑的梦想，开始收集青铜器的断件、残片，到各地博物馆参观学习，又细心研读了有关青铜器铸造、化学处理的专业书籍，做了大量的资料积累。但是青铜器的铸造，是一项技术性、

湖北省荆州市

专业性很强的系统工程，从青铜的冶炼，制模，铸造，剑坯的后期加工，铭文错金，镶嵌等，需要几十道工序才能完成。作为半路出家的许光国深知，单靠他一个人的能力，一切从头学起，仿造越王勾践剑谈何容易。他租下了一处院子，招聘了众多的能工巧匠，垒起一座铸造炉，开始了他长达十年的探索历程……

自从2004年许光国的高仿越王勾践剑研制成功至今，两年来他仍然没有停止对高仿剑的研究，他给我们展示了一批最新研制的高仿剑，当金丝楠木的剑盒被打开时，这把高仿剑给了我们耳目一新的感觉，剑的外形设计上与两年前的高仿剑相比有了较大改进，剑腰部分的线条流畅了许多……许光国的高仿剑是怎样铸造出来的？社会上有很多的猜测，始终是一个谜。在我们的要求下，许先生终于答应带我们去参观他的生产车间。

青莲巷，是荆州当地千百条小巷中的一条，许光国的铸造车间就设

青铜器上的铭文

在这里，平时这个铸造作坊也承揽一些民用金属零部件的加工。

提起铸造，我们不得不涉及到一个名词——模范。其实这个词来源于古代青铜器铸造工艺。铸造工把一个金属模放到了范箱中，然后在上面铺上沙子、踩实。金属模型从沙子里取出后，就制成了浇铸用的沙范，也就是说，模是什么样，范也就是什么样！铸造工将融化的金属溶液，倒入沙范的空腔中，冷却后经过后加工处理后，一个和模具一模一样的部件就完工了。这样的铸造工艺就是沙型铸造。而这也是目前铸造业应用最广泛的一种铸造方法，因为沙子的细节表现力不够，所以这种方法只适合于制造那些精度不高的金属零部件。难道说许先生的高仿剑是在这里铸造出来的吗？

许光国并不认可我们的说法，他说："沙模也可以做青铜剑，沙铸的方法也可以铸越王剑。"于是，为了验证这一点，我们便提出要亲眼见证许先生是如何利用沙型铸造工艺，现场铸造一把高仿的越王勾践剑的。许先生答应了。

说到材质问题，我们了解到，为了降低成本，许光国选用了一些回收来的废旧紫铜料作原料，铸造青铜剑。关于青铜，首先我们知道铜是人类最早利用的一种金属材料，而青铜就是铜与锡制成的合金。1977 年上海北京两地的专家采用质子 X 荧光非真空分析法，对越王勾践剑进行了无损科学检测，初步得出了剑身青铜合金分配比的数据。越王勾践剑的主要成分是铜、锡，以及少量的铝、铁、镍、硫组成的青铜合金。

利用冶炼的时间，沙范的制作首先开始了。

许光国先是拿出了一个长方形范箱，在里面先垫了一层沙子，压实后在上面放上了高仿越王勾践剑的剑模，再留出浇铸口的位置。然后再在上面盖上沙子踩实。拿走剑模后，一个完整的沙范就制作好了，前后用了不到15分钟。省时省力是制造沙范的一个优点，但是浇铸出来的青铜剑会是什么样呢？

炉火纯青，半个小时左右，铜水就熔化好了。冷却了几分钟后，开模的时候到了。

看到剑之后，我们努力寻找这把高仿剑与博物馆原件之间的相似之处，可是怎么看也找不出。最起码来说，越王勾践剑剑各部位铸有精美的兽型纹饰，许光国沙型铸造的高仿剑剑阁上的兽型纹饰相当的粗糙。

于是，我们问许光国："很多的细节、花纹部分不是很清晰，后道工序还需要加工吗？"

许光国回答说："对，需要重新的雕琢，重新雕重新洗。"

看来，这把剑并不像媒体上说的那样是所有工艺一次铸造成形的。那么下一个疑问就是许光国如何破解越王勾践剑剑首那11道同心圆的铸造工艺呢？因为我们看到，在这把剑上，许氏的沙型铸造法也没有把同心圆绘出来。对此，许光国说，"同心圆必须用精密车床重新车制，车制以后中间的横纹就可以用细凿子，凿出来。"

这样来说，且不论2400年前的古人，铸造越王勾践剑采用了何种铸造工艺，单是在青铜剑剑首上，利用简单机械加工出间隔只有零点二毫米同心圆，似乎也太为难我们的祖先了。越王勾践剑剑首的11道同心圆是如何加工出来的，一直是个未解之谜，如果许先生是用现代设备，机加工出剑首的11道同心圆，他将永远也解不开这千年之谜。

千年古剑显原形

采用沙型铸造工艺铸造高仿剑，剑首的11道同心圆不可能同时铸造出来。这是一个基本的铸造常识。现场采访也证实了专家的怀疑。湖北省鄂州博物馆多年来一直致力于古代铸造技术的研究，这里是国内屈指可数的几家青铜器铸造研究基地。2500年前的越王勾践剑究竟是如何铸造出来的呢？我们拜访了博物馆名誉馆长董亚魏，青铜镜的铸造是他目前研究的主要课题。

董先生对我们介绍说，"越王剑是分型嵌范，分段铸接，铸镜的工艺与剑的区别只是几何形状的区别，都是用泥料造型，造完型以后都需要阴干，而且也都需要烧成陶制。"

据董先生说，泥范铸造是一种从古代烧制陶器的技术中，逐渐演变而来的传统铸造技术。其制作泥范的基本原料就是生土，经过多道工序的加工，反复的炼制，才能达到制范的要求。造型制范的时候，泥料是用手掌、拳头按到模上压出来的，青铜器是商周时期生产科技和艺术发展水平的集中反映。到了商代的后期和西周时期，中国的青铜器制造发展到了一个鼎盛时期。它们中的代表之作首推在湖北随州出土的曾侯乙编钟、尊盘。泥型铸造工艺至今仍在青铜器的仿制中被广泛应用。

青铜编钟

这时我们便想到，如果利用这种铸造工艺仿制越王勾践剑，与沙铸工艺铸造一样，剑首的 11 个同心圆，也无法与剑身一次铸造出来。那古代人是怎样解决这个难题的呢？

董先生继续说到："古代铸造剑，它也不是千篇一律的，如果具有纹饰格，纹饰鼓，再具有同心圆的剑，一个模子是造不出来的，它需要另外单独铸造同心圆的首，然后再进行铸接，这样就需要三节铸造，剑首是一节，剑茎前面是一节，把剑首和剑对接起来，它也是通过浇铸，最后打磨。如果说一次浇铸成功那是不可能的，古代没有这种工艺。"

这就颇为奇怪了，许光国勤奋好学，博览众书，对于青铜器的铸造历史有一定了解，他一定了解泥范铸造工艺，那么当初他为什么没有采用古老的泥型铸造工艺来高仿越王勾践剑呢？

果然，在后来对许光国的采访中，正如我们的猜测，他没有选择陶铸法的原因就是因为太繁琐，需要的工序很长，工序麻烦，因此，他的铸剑还是首选了沙型铸造。而沙型铸造又没有办法铸出剑首的同心圆，那我们看到的这把仿越王勾践剑是用什么方法制作的呢？

许光国停顿了一下，说："后来为了达到精度，我必须要用失蜡法。"

原来，许光国高仿剑最终是采用了"失蜡法"的铸造工艺，可是，这失蜡法到底是什么呢？当我们提出拍摄要求时，许先生只是给我们展示了蜡模和一个浇铸青铜剑的范模，然后便说这个工艺很麻烦的，有十几道工序，以技术保密为由拒绝了。

失蜡法究竟有何奥秘

被许光国遮遮掩掩的"失蜡法"是一种什么样的保密工艺？清华大学机械工程系闫老师告诉我们，虽然"失蜡法"的铸造工艺在我国出现的年代目前在学术界还存有争议，但有一点可以肯定，这种铸造方法绝非已失传，因为现代工程机械、仪器仪表的不少精密零部件，大多都还在采用这种铸造方法。闫老师提供给了我们一段"失蜡法"铸造工艺的教学录像片，我们把许光国的只言片语与录像结合起来，大致还原了所谓"古法"铸剑的全过程。

首先是把蜡注入了金

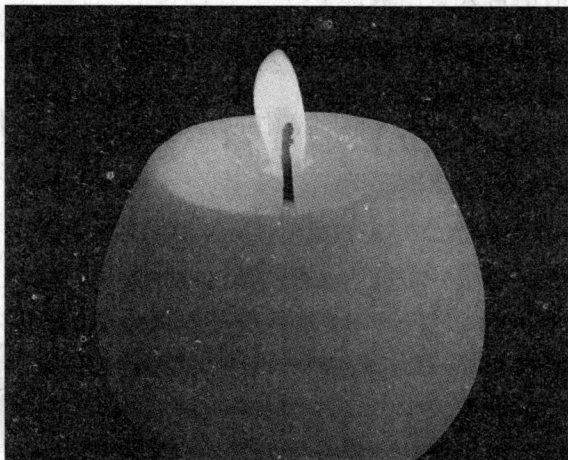

燃烧的蜡烛

属模具中，打开磨具之后，一个蜡胚就铸造好了。接下来，把一个个蜡胚粘在一起，组成一个蜡树，这样一次可以浇铸很多个零件，提高效率。

然后再在蜡树表面裹上几层耐火石英砂。

耐火材料工序全都完成以后，便准备浇铸，但在浇铸之前，还必须在烘箱里面加温。

在烘箱中，石英砂包裹下的蜡胚遇热融化流了出来，同样的，石英沙包裹的剑模也就受热融化流了出去，留出了浇铸铜水的空间。这就是所谓的失蜡过程。失去蜡胚的沙壳被炉火烤得通红，然后趁热浇铸。冷却后，除去石英砂壳，打磨掉多余的浇铸口，零件就制作好了。

这时，我们想起许光国把高仿剑拿出时所说的，"把上面的沙脱掉，它成型就是这样的，跟这个蜡模是一样的，它的基本形状，你看绝对是一样的。"原来，一个高仿剑的蜡模就是这样变成了一把半成品青铜剑的！这可以被称作是青铜器铸造的克隆术吧！

通过这个蜡模和剑胚比较，虽然同心圆之间的间隙宽窄不一，但这个效果要比机械加工自然了很多。剑格上的兽型纹饰也比沙型铸造清晰了。

越王剑上的菱形花纹，是多年以来人们在想方设法攻破的谜，有专家怀疑是化学外镀技术。但化学外镀技术是近代西方才出现的，难道当时的古人就已掌握了？

越王剑上菱形花纹究竟如何制造

剑上菱形纹饰凹槽中的填充物是什么，自从上世纪 70 年代对越王勾践剑检测之后，至今还没有对它做进一步的检测。湖北省鄂州市博物馆的董亚巍，早在 1997 年就对其菱形花纹铸造工艺作了探讨性的实验，10年后他提出了新的理论观点。根据研究结果，他推测，纹饰槽中的填充物应该是锡。

在荆州市博物馆青铜器的展柜里，我们也发现了一把剑身上铸有菱形花纹的剑，仔细观察它的纹饰槽里也有暗灰色的填充物。与越王勾践剑如出一辙。这难道是一种巧合吗？

许光国对此并不认同，"尽管是这么分析，但是我们不能光搞分析

呀，我们必须要做出来，才能有证据，才能服人嘛。"

　　的确，这总是一个仁者见仁，智者见智的问题。那许光国是通过什么手段，使高仿剑剑身上布满了菱形花纹的呢？

　　许光国对此早已胸有成竹，他说到："我采取的是腐蚀法。用铸造工艺我认为达不到真正越王剑的效果。而且，我认为古人

越王剑上菱形花纹

已经掌握了硫化的方法，菱形花纹我分析利用了腐蚀法，我们现在掌握的很多试剂可以腐蚀，我的目的达到效果就行了，腐蚀部分没有遮盖，不腐蚀部分遮盖，应该腐蚀的地方它陷下去。"

　　许先生声称他独创出了"硫化工艺"：因为用失蜡法铸造出的剑，剑身上并没有任何纹饰，所以这些暗格菱形花纹首先——需要靠他的手来完成……

　　接下来，他便向我们展示了他的技能。

　　首先，许光国先在剑身上用钢笔打出底稿，再用墨汁笔描绘上菱形花纹。但我们很快就发现，他这样描绘出的菱形花纹，和高仿剑上的花纹有很大出入。我们用常理推算，剑的两面都需要画菱形花纹，高仿剑要面向全球发售1000把，也就是说需要手工绘制2000幅完全一样的菱形花纹。这个工作量几乎是不可能通过手画来达到的。而且我们也注意到许光国已经做好的若干把高仿剑，菱形花纹的图案完全一致，显然这并不是手工绘制上去的！

　　手绘完菱形花纹后，他在简易的实验室里，又配制了几种化学溶液。在经过几次深浅

剑身纹饰

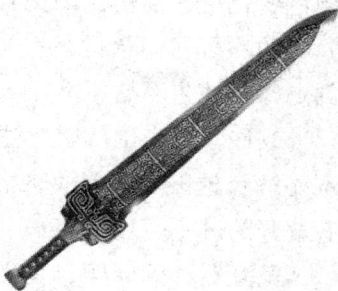

153

颜色变化后，高仿剑的剑身换上了一身暗格菱形花纹新装，依然是金光闪闪的。可我们觉得，它与越王勾践剑相比，仍然有相当的距离，这把剑更像一件艺术品……

或许，许光国的硫化法是他对越王勾践剑的一种理解，这种方法并不能解释越王勾践剑的暗格菱形花纹是怎样形成的，它至今仍是一道没有解开的谜……

抛开花纹的问题，其实越王勾践剑这把千古传奇的宝剑还有一个令人不解之谜，等待着我们的解答。这把剑，在水中浸泡了两千多年，却仍然锋利异常，几乎没有锈腐的痕迹，这实在不能不说是一个奇迹，而关于这个，许光国声称他也有自己的防锈处理技术。

由于高仿剑防锈层的制作也是保密的，我们无法了解具体过程。但为了证实高仿剑确实有防锈的功能，许光国用两把高仿剑作了一个对比试验。首先，他用砂纸打掉了其中一把剑的防腐涂层，在两把剑的同一位置刷上了一层弱酸药液。再经过酸处理，许光国拿出剑来对我们展示，"上面这把剑后半截是经过酸腐蚀的。你看！和有保护层的剑对照，区别很明显……

他的技术我们并不知道，难道越王勾践剑千年不腐，也是古人给它穿上了一身防腐外衣吗？

关于防腐问题，鄂州博物馆的名誉院长董亚威告诉我们，勾践剑与许光国秘密的防腐技术肯定是不一样的。在勾践剑的表面检测出了硫，但含硫并不等于进行了硫化处理。因为在埋藏过程当中，地底下到处都有硫，剑很容易被污染，而且，铜器在埋藏过程中，表面的腐蚀状况完全取决于埋藏环境。正如民间的一句俗话，干千年，湿万年，不干不湿只半年。

湖北博物馆的万全文常务副馆长也谈到了这个问题，他说："是不是进行了防锈处理，现在也有学者认为当时的工匠没必要进行防锈处理，因为越王勾践剑是水坑器。楚墓有几个特点：一是密封非常好，下葬后用木炭隔潮，青膏泥、白膏泥、能密封，有利于隔绝与外面的空气；二

湖北省博物馆

是江南一带地下水位高，形成了考古界所说的水坑器，那么剑长期泡在水里，它也不容易生锈。"

　　我们知道，春秋战国时期，七雄争霸，战事连年不断。各种青铜兵器的消耗量巨大，因此，古人不可能也没有必要对它们进行防锈处理。最有力的证据是：1977 年经仪器检测，越王勾践剑表面黑色花纹处的含硫量只有 0.5%，剑阁表面略高，剑身其他部位都未检测出有硫存在。专家指出，越王勾践剑出土时并非完全没有生锈，只是锈蚀程度十分轻微，难以看出。40 多年后的今天，尽管湖北省博物馆妥善保管，通过和 70 年代的影视资料对比，剑的表面也不如当时明亮了，如果剑身 2400 年前就作了防锈处理，那这种情况的出现又作何解释？

　　最后，当我们整理资料素材时，竟意外发现了一个秘密。越王勾践剑剑首铸有 11 道同心圆，这是世人皆知的事情，许光国的高仿剑剑首的同心圆却只有九道，开始我们并不相信自己的眼睛，因为高仿剑经过了各路考古大师的严格审查。同心圆怎么会少两道呢？我们把此次拍摄的与同心圆有关的素材统统集中到了一起，逐一检查，所有高仿剑剑首无一例外都是九道同心圆。经查证 04 年许光国铸造的高仿剑剑首的同心圆也是九道。我们百思不得其解，许先生的高仿剑为什么在这么重要的环节上出现如此的疏漏呢？通过电话询问许光国也没有给出一个合理的答复。如果重新审视高仿剑，专家现在还能给它打多少分呢？并且，当我们再次审视一下 2400 年前与现在的兵器制作，甚至会觉得有些好笑，在

155

几乎相同的测试环境中，越王勾践剑只是轻轻一划，十几张纸就划开了，而高仿剑用了很大的力气也只划开 4 层……

虽然许氏铸剑法和他的高仿剑还是不能为我们揭开掩藏在越王勾践剑身上的那几个千古谜团，不过我想他的探索，可能让我们能够更加接近谜底，这也让我们多了些信心，相信终归会有那么一天，人们能彻底揭开越王勾践剑的千古之谜。

探秘"不老宅"

奇闻导视

京郊有一座小镇百岁老人比比皆是。长寿现象是偶然还是必然？不老仙丹是否真的存在？

奇闻奇谈

在北京郊区密云有个小镇子，并非世人闻名，但长寿人扎堆。在这个叫做不老屯的小镇上，八九十岁的老人有五六百位，还有几位一百多岁的，有人算过，80 岁以上的老人占全镇人口的百分之二，也就是说，倘若换算成北京市城区一千六百万人，那就得有三十多万百岁上下的老人。也就是这个数字，一下子引起了我们的注意，这个小镇上真的有那么多长寿的老人吗？如果真的有，又是什么原因呢？他们长寿的秘诀又是什么呢？

不老屯镇位于密云水库的北岸，镇上人口并不多。而且，正当农闲时期，在外面走动的人也很少，可我们路上偶尔遇到的几个村民，跟他们聊天询问了岁数之后，竟然都已是八十岁以上的老人。而且这些老人身子骨都特别硬朗，生活自理不说，还干农活。在他们眼中八十来岁根本算不上高寿，九十多岁还要下地干活呢！这里到底有多少长寿的老人呢？

为了查清此事，我们来到了当地派出所。不老屯派出所的李迎春民警向我们介绍说："不老屯地区常住人口有 2.4 万人，其

美丽的江南小镇

中八十岁以上的有五百二十六人，九十岁以上的有四十八人，一百岁以上一人。"也就是说，十个老人中差不多就得有一个九十多岁的。而且除了那位 106 岁的，还有好几位九十八九，眼看就要过百岁生日的老人。更为奇特的是：一样的土地，同一片蓝天下的周边村镇，像冯家峪、高龄镇却没有一点儿长寿乡的迹象。这长寿似乎是可丁可卯地圈在了不老屯这个地方，多一分都没有。难道不老屯是个风水宝地，它能牢牢地锁住长寿，只要生活在这里就都能长生不老吗？

民警同志一番话再加上我们的推敲，让人觉得不老屯这个地方确实有点儿奇！

关于长寿，其实一直是世人关注的一个焦点话题。就在上个月，日本一位 114 岁的老妇人被吉尼斯世界纪录组织确定为"世界健在最长寿者"，引起了世界的广泛关注。不过，比人的长寿更重要的，是长寿地区的产生。而要确定一个地区是否为长寿地区，并不是看有没有长寿老人，而是看长寿人口比例。

联合国对于长寿地区划定的标准是：每百万人口中百岁老人达到 75 位。比对着这个概念，我们再来看不老屯。不老屯全镇 2.4 万人，老年人中有一位 106 岁的，还有几个九十九过了年就上百岁的老人。这样看来，和长寿地区的标准相当接近。所以，说不老屯这个地方是长寿村一点不为过。

长寿之谜探究

那不老屯的老人们为什么如此长寿呢？我们对此进行了探寻。首先我们知道，要想找到不老屯人长寿的秘诀，第一个要弄清的就是人衰老的原因。

对于这个问题，我们找到了中日友好医院遗传代谢门诊的张知新大夫，张大夫介绍说，"一个人的寿命决定因素不仅仅是遗传的机制，还有外部的环境也会起作用。也就是说环境和遗传这两个因素决定人的寿命有多长。"

因此按照专家所言，影响不老屯人长寿的因素无非就是两大块——

开怀的老人

遗传和环境，这两部分的特别之处找到了，不老屯人长寿之谜也就自然而然地水落石出了。接下来，我们便开始逐个击破。

首先是遗传基因。我们知道，现在世界上已知的最为著名的长寿人是高加索人。据统计，在他们生活的地区，500多万人口中百岁寿星达2000多人，90岁以上的超过两万。这与不老屯有很多相像之处，那不老屯的长寿村民，有没有可能继承了高加索人的长寿基因呢？

经过调查，不老屯这个小镇是个较为封闭的自然村落，长期以来与外界很少交流。从古至今延续下来的传统是，不老屯的村民只有向外村迁出的，很少有别村迁入的，更不用提远在东欧地区的高加索人了。由此可见，不老屯的村民就是土生土长的本地人，和远在他方的高加索人没有任何关系。而他们被称作北京地区唯一具备长寿基因的人群，也是后天形成的。

否定掉了其他地区长寿基因的遗传，我们猜测不老屯老人们长寿的秘诀可能藏在这个地方的气候环境里，但是问题紧接着又来了。

　　不老屯依山傍水，论环境确实比城区好得多，但是和它一样有山有水的地方到处都是，紧挨着它的两个镇就是个例子。而且从他们耕种的田地上看，无非是北方常种的玉米，麦子等粮食，这和气候宜人的江南水乡比起来显然没有任何优势；村民的住房更是那种典型的农村房屋，丝毫看不出风水宝地的迹象。于是，气候环境对不老屯人长寿的影响也就排除了。那么剩下的就只有他们的生活起居和饮食习惯了，这时，我们不得不把焦点放在是不是有什么独特的生活习惯使不老屯人长寿。

走进老人不老生活

　　于是，我们走进了不老屯老人们的生活中。

　　今年 90 岁的赵奶奶是不老屯中的老寿星之一，别看她这么大岁数了，据说从来不得病，就连感冒发烧的小病都没有。我们到她家的时候，正好赶上她睡醒午觉。刚一醒来，老奶奶就忙活上了。上午没做完的被子，继续穿针引线地缝了起来。家里的一些小事，老奶奶都坚持自己动手做。听说天暖和的时候，她还要下地捡秧苗。在这个村子，不光赵奶奶，其他九十多岁的老人也都是这样——每天忙个不停，似乎这是不老屯人的一种习惯，生活自理，下地干活。难道勤劳就是他们长寿的关键所在吗？

　　仔细一想，勤劳并不是不老屯人特有的习惯，很多地方的农民都是活到老，忙到老。同样都是勤劳的人，有的能长寿，有的却不长寿。看来这勤劳并不是主要原因。既然生活习惯不是，那么他们的饮食又如何呢？

　　可是，让我们失望的

粗粮——玉米

是，正如赵奶奶说的，"爱吃啥吃啥呗，大米、白面、棒子面、高粱米。"都不过是些普通的食物，大多数都是自己地里种的粮食和当地盛产的水果。要说特别也就是自己吃的这些东西用的化肥农药比较少而已，这样对身体健康确实有益，但是如果说是长寿的灵丹妙药，恐怕就有些不着边际了。找来找去，这里的人无论是生活习惯还是生活环境都没有任何特别之处，不老屯人长寿难是一个解不开的谜团吗？这时，我们发现唯独没有查找人类赖以生存的水源。不老屯人平时喝的，用的都是些什么水呢？这剩下的最后一条线索会不会就是不老屯人长寿的秘诀呢？此时，村民们的一个简单动作让我们找到了新的线索。

据不老屯的村民说，这儿的水是麦饭石水，特别好，甚至说有一次来这儿玩的游客闹肚子，他告诉游客喝这的病就能而好。游客相信了便开开水管子喝，病果然好了。

奇闻思考

这不由得让我们产生了深入探究的兴趣，闹肚子是肠胃不适造成的，如果继续喝凉水肯定会造成病情加重，怎么可能反而治好病了呢？难道这里的麦饭石水真是神丹妙药吗？不老屯人的长寿是不是跟这水有关呢？

奇闻揭秘

麦饭石是曾经风靡一时的保健用品。有一段时间，家家户户都用麦饭石烧开水、蒸饭。不过没过多长时间，这阵风就过去了。因为人们发现，它的作用并不像想象中那么明显。如今，又提到麦饭石，它难道能够一改旧貌，会如期望的那样有特别功效吗？不老屯人长寿的现象是不是麦饭石起的作用呢？

随后，我们找到了北京市地质工程设计研究院的郝河郝工程师，请他向我们介绍一下麦饭石。郝工程师告诉我们："麦饭石有几个特点，第一它有吸附性，因此融水以后能把水中的有害物质吸附住了，同时发生交换或者释放出有益的元素，所以能净化水；第二它能改变水的 ph 值，酸性水中和了，水质便能变清变好。"

同时，郝河工程师也提到，之所以大多数人觉得麦饭石作用不大甚至没有，就是因为用量不合理，而且没有长期使用，大家想凭着几粒儿麦饭石过滤生活起居的所有用水或者只喝几天经过过滤的水，肯定起不到作用，单凭这个不能抹煞麦饭石的特点。但是对于我们这次主要探访的麦饭石水能否起到长寿的作用，郝工程师也没有轻易下结论。

神奇的麦饭石

于是，接下来的几天，郝工对不老屯地区的土质结构作了一次仔细勘查，他发现，不老屯这儿竟然到处都是麦饭石，山上山下，田地河边，甚至村民的房子底下都储藏着麦饭石，涵盖了几十平方公里的面积。

这个结论让郝工产生了极大的兴趣，回到研究所他翻阅了大量资料后发现，原来不老屯镇麦饭石储量在一亿吨以上，这在北京地区确实是绝无仅有的。并且，也正因为如此大的储藏量，麦饭石对地下水产生了很大影响，不仅村民的生活用水经过麦饭石的净化，就连农作物也因为用了净化的水而产生变化。

终于，我们可以坦然地离开了，原来正是这一层层从地壳来到人类身体里的过滤净化，带来了长寿的可能。

但其实，不老屯人长寿，并不是一个单独原因直接造成的，它是一个综合因素的结果，他们生活的环境非常天然，人人都有放松的心态，再加上天生勤劳的生活习惯，还有特别的水源等等得天独厚的优势，让人的寿命渐渐增大，之后形成了长寿基因，一代一代地遗传下去，最终让这里的人进入一个良性循环，也自然就越来越长寿了。

悬崖上的人影

奇闻导视

　　悬崖峭壁上人影闪动是神灵现身还是另有蹊跷？专家深入其中获得惊人发现云南沧源的神秘现象究竟蕴藏着怎样的奥秘？

奇闻奇谈

　　大多数人眼里，云南一直是个非常神秘的地方，其实，它的很多奇特风俗都跟当地居住的少数民族有关。比如在云南的沧源县，一些少数民族的村落就有这么一个习俗：逢年过节的时候，要对着一片悬崖朝拜。他们认为，这种仪式可以保佑一年风调雨顺。但是那里并没供奉着什么庙宇神灵，那他们又是为什么要对着光秃秃的大山祷告呢？这样一片看起来没什么特殊的悬崖，究竟有什么魔力，能让村民那么虔诚地向它朝拜呢？

　　这还要回到很久很久以前的一天，在劳作时，当地居民无意中发现，在远处的悬崖峭壁上，竟然有人影在不断地闪动，而且这些人影还时常放出奇异的光彩。它们是从哪儿来的，为什么要在悬崖上晃悠呢？正在人们为人影的出现疑惑不解的时候，他们又发现了一个更奇怪的现象，山上那些影子居然一会儿多，一会儿少，悬崖上的人影不仅不断

颜色各异的金刚钻

闪烁，而且飘忽不定，一会儿消失，一会儿出现。这样的景象简直是不可思议。他们无法解释这种事情，于是很快便有人说那是神灵下凡，或是山神住在悬崖峭壁上的一个仙洞里。他们有时来，有时走，这个令人震惊的说法，并没有得到反驳，而是很快便在当地居民中流传开了。

神灵下凡的这种说法刚一提出，很快就得到了绝大多数人的认同。他们坚信，这些来去不定的人影一定就是神灵了，而他们的来来去去，背后肯定隐藏着无法得知的秘密。于是，人们开始向这片悬崖进行朝拜，祈求能够获得神灵的保佑。久而久之，这就成了一种风俗流传下来，越来越让人深信不疑。

即便到了现在，很多当地人平时都不太敢独自去那个地方，只有过节的时候，大家才一起去朝拜一下。也就是说，在当地，这个规矩早已约定俗成了。只有在过节时，大家才能结伴而行，远远地向悬崖朝拜一下，其它时间任何人都不能独自前往那片神秘的悬崖。

可是有一天，一些当地的居民走夜路迷了路，无意间来到那片悬崖的附近。这时，他们突发奇想，打算壮起胆子，亲眼看一看这些传说中的神灵到底是什么样子。于是，当晚他们就露宿山下，打算等到天亮看个究竟。

传说中的神景暗藏怎样的玄机

第二天早上，太阳渐渐升了起来，这几个人也鼓足了勇气，慢慢靠近那片充满神秘的悬崖。

突然，人影出现在了他们眼前这让他们大吃一惊，本以为传说的事情却是真的。然而静下心来仔细一看，他们发现，原来这些人影并不是传说中的神灵，而是一些画在岩石上的图画。而这些大都画在高高的悬崖峭壁上的岩画，色彩鲜艳，栩栩如生，在雾气中远远看过去，很容易把它们误认为是人影在闪动。村民们相视一笑，终于明白为什么当地居民一直把他们当成是神仙了。

他们发现了这些岩画之后，回到村里，把这个事告诉了大家。后来，当地人就称这个地方为"帕典姆",也就是"有画的岩石"的意思。但是,只是知道了这是画并没有解决所有的问题。很多当地人还是很迷惑,这些画到底是哪来的呢?他们也知道,本地肯定是没人画过。正如他们所言,即使想画也画不出这个样子!

在很多当地人看来,这些岩画不仅造型非常怪异,而且大多数都画在高高的悬崖峭壁上,这是普通人根本无法做到的,那么,如果不是当地人,这些图画又会是谁画上去的呢?

奇闻思考

这些岩画既然不是现代人画的,那又会是谁画的呢?如果说是古代人干的,那他们又是用什么办法,爬到那么高的悬崖峭壁上,画下这些稀奇古怪的图案的呢?不仅村民们动脑筋思考着,很快也因为引起专家注意而在学界引起纷纷议论。

奇闻揭秘

1965年春节前夕,一个叫汪宁生的云南民族学专家来到了沧源。在老乡的陪同下,他来到了"帕典姆"。亲眼见到这些岩画后,汪教授也感到非常吃惊,当时就认定这是相当有价值的东西。而后,他又提出了一个极具轰动性的观点:这些岩画,很有可能是史前文明的产物!这不由得引起了大家更多的注意,这些岩画难道真是一万多年前的作品吗?它的身份到底能不能确定下来呢?

在议论纷纷之中,汪教授的论点很快便有了反对者。有些专家研究发现,沧源崖画的内容相当丰富,反映出了很多场景,比如狩猎、舞蹈、信牛以及归家等等。这并非仅仅代表有趣,因为同时,研究者还发现,岩画上的内容,跟现在生活在沧源地区的一些少数民族的生活方式和文化习俗非常相近,于是,他们认为,这些岩画的历史并没有一万多年那么久远,所以就不可能是什么史前文明的产物,而很有可能是当地少数民族的祖先们画上去的。

按照管彦波研究员的说法,关于沧源崖画的年代,他个人比较倾向于大概是三千年上下，从时期上来说的话，是属于新石器时代的晚期。

如果岩画不是史前人类所画，那么这些分布在陡峭的悬崖上，距离地面少则两米，多则八米的岩画，

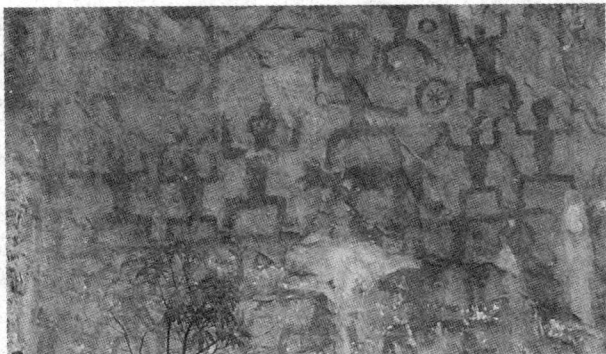

千年不褪色的岩画

三千多年前的古人又是用了什么手段画上去的呢？经过分析，专家为我们提出了两种可能：一种是顺绳而下，另一种是攀爬而上。管彦波研究员对此详细解释说："从上面用绳子、藤条、树枝之类的编东西吊下来作画的。而攀爬上去也有可能因为长期生活在那种山区的少数民族，攀爬能力很强。"

到底是攀爬还是顺绳，我们现在都无法去重现当时的场景了，反正无论他们是怎么画上去的，岩画现在在那儿是既成事实了。接下来，我们又发现了更让人惊奇的：三千多年来，这些岩画一直裸露在外，经受风吹雨淋，太阳照射，可是直到现在，色彩看起来却还是十分鲜艳，古人是用了什么方法，才能让这些画不掉色的呢？

专家们也对这个问题进行了研究。他们发现，沧源岩画的染料，是以沧源地区比较常见的一种矿物——赤铁矿粉为主要成分做成的。而且，为了加强色彩的稳定性，聪明的古人还在其中加入了动物的血以及一些其他植物的颜料。

最后，管彦波研究员总结说："这么多图像符号，并不是古人简单地画上去的，它隐含着丰富的文化内涵。先民在那种生存环境下，在那个悬崖峭壁上作画，实际上宗教的成分很多，并且它记录了当时的生活现状。"

最后补充一点，对于用赤铁矿粉加上动物血来让色彩保持鲜艳和长

久的方法，并不是沧源壁画的独创，在我国别的地方发现的岩画，也都不约而同地采用了这种方式。甚至在国外，大部分的岩画也都要加入人血或动物血来调和颜色。只有北美的印第安人偶尔会搞点创意，他们的岩画竟然使用过人尿作调和剂！不知道这种步调一致的调色方法是当时人们互通有无的结果，还是纯属巧合？这大概又是另外一个等待着我们来探寻的科学之谜吧！

石碑为何哭泣

奇闻导视

是圣贤先师万古相传还是弟子情意感动天地？哭泣的石碑如何延续一个数百年的传奇？

奇闻奇谈

哭泣通常都是人或者动物的行为，遇到伤心难过之事或者喜悦之极的情况，总是忍不住会掉下眼泪来。而您是否知道，山东曲阜竟然有一个会哭泣的石碑？是什么事惹得它伤心呢？

首先，还是先来说说这块石碑的来历吧。清康熙年间的一天，山东曲阜上空突然电闪雷鸣、狂风大作，骤然降下大雨。而在这场暴雨中，曲阜孔林里一棵已有两千多年树龄的楷树不幸被雷电击中烧焦了，远在北京的康熙皇帝知道此事后，急令下旨，让当地政府马上在死去的树旁建亭立碑，作为祭奠。暴雨雷击并不稀奇，但这一棵能惊动千里之外的皇帝的树却让人疑惑，这到底是一棵什么树呢？

故事还要往前追溯两千多年。孔子去世那天，尽管大多数弟子都在身边，但他最得意的大弟子子贡却在南方不得归来。而当子贡赶回时，老师已经归西。子贡悲痛欲绝，为老师守孝6年，并且在墓旁种下了一棵从南方带回的珍贵树种。被雷电击中的正是这棵满怀了子贡对老师怀念之情的楷树。

所以，并不是出于对雷神的畏惧而是对圣贤先师孔子的敬重，康熙才在此立下石碑，并传为佳话。但立石碑于此，并不仅仅如此简单，反而引来无数的传说。

当地人和导游把这块碑叫做

孔子铜像

流泪碑，他们说，这是因为子贡对老师忠心耿耿，每天早晨为他哭泣、于是眼泪都留了下来，汇在了这个流泪碑里。

一个导游指着碑对我们说，你们看外面的碑还是干的，而里面的碑总是湿乎乎的……

据当地传说，自从石碑取代了楷树的位置后，它表面就湿漉漉的，更有甚者传言越是在孔子祭祀大典前后，石碑表面的水就越多，尤其是刻有"子贡"二字的地方流水就更为明显，人们形象地给这块石碑起名为"流泪碑"。以此来缅怀孔子以及赞颂子贡对老师的深情。

人们大多用"肝肠寸断"来形容一个人失去亲人时的难过之情，难道世间真有一块通人性的石头，为孔子哭泣吗？

终于，我们也来到曲阜三孔之一的孔林，见到了这块被人传说得沸沸扬扬的石碑。在我们面前，树立在灰瓦斗顶亭中的石碑高2.5米左右，厚约20厘米，碑额题"楷图"二字，因遭雷击而烧焦的楷树枯干形象被雕刻在碑的正中。但不知为何，我们这时看到的石碑并没有流泪，只是楷树图部分有些许潮湿。我们甚至产生了怀疑，但是仔细观察，发现石碑的下部碑面的确被一层白色碱状物所覆盖，而且有水流过的痕迹，种种迹象表明石碑确实流过泪。传言的确是真的。

那它还会流泪吗？是否真要等到孔子祭祀大典才再次哭泣呢？

10月2日，也就是2005全球祭孔大会后的第三天，我们再次来到了山东曲阜孔林。当我们走近矗立在晨雾中的流泪碑时，让人震惊的一幕出现了！石碑果然正在伤心地哭泣，而且泪流满面，用手轻轻一拂，五指就沾满了泪水，我们用一张纸巾贴在石碑上，纸巾很快就被泪水浸透，流泪碑果然名不虚传。

可是，我们在感动和震惊之余，不得不产生一个疑惑，石碑上的泪水是从哪里来的呢？

神奇还是另有其他

我国二十四节气中的霜降前后，每天的早晚空气中的湿度比较大，孔林中又有各种树木四万余株，经现场测量相对湿度达到90%。在这种情况下，自然有人提出石碑上的泪水不过是露水所致，可为何相邻的其它石碑表面却没有一滴水痕呢？难道这块由清帝康熙皇帝钦点的石碑，还隐藏着众人不知的秘密吗？

当地导游为我们介绍说，从科学的角度来说这块石碑叫做吸水石，其石材具有吸收潮气的功能。这时，我们突然想到，在路过济南时，看到过一块被人们称为"气象石"的奇石，据说那块石头每逢下雨前就能吸收空气中的潮气，然后石头表面颜色便会变深。而其实，那块石头的学名叫"变质蛇纹岩"，岩石中含有硫酸铜，而正是这种物质可以吸水变色。那么这块流泪的碑到底来自何方？是什么石材加工而成的呢？石碑中又会含有什么样的物质呢？

导游否定了它与气象石之间可能的亲戚关系，告诉我们说，这是北京的西山岩石。

导游所说的西山，实际上就是现在北京西南房

刻字石碑

山区大石窝镇。明清两代皇宫建筑所用石料大多来自于此，但是有着二十多年采石经验的宋先生，看了流泪碑的录像后，断然否定了石材产自北京的说法。

宋先生是北京房山区大石窝石料场的厂长，他告诉我们说："这里的石头是青白石，它吸水不是特别严重，潮湿的地方长绿苔是有可能的，但是像这个碑表面有水珠，我在房山还没有发现过。"

据宋厂长从外观分析，这块石头的质地要比青白石坚硬许多，流泪碑表面具有红褐色的斑纹，而青白石表面却没有，似乎更像是花岗岩。

中国地质大学的张招崇教授也同意了这种说法，"这个岩石是花岗岩，而花岗岩本身会含有一些水。"

据专家介绍，花岗岩由于硬度高、密度大、岩石中的含水率充其量也不过千分之几，假如这块流泪碑碑身有 800 斤重，即使在实验室里把它粉碎烘干最多也只能从石头中渣出一瓶可乐分量的水，况且花岗岩石碑吸水和释放水分的过程是非常难的。这流泪碑原本是一块通碑，文革期间被断为了三节，石碑的背面、碑座、及上下两段，是不流泪的，流泪碑的秘密难道就隐藏在中间这段石碑上吗？难道一块花岗岩石会出现两种截然不同的性质？坚硬的花岗岩还会变质吗？

大石窝镇采石场厂长却说，这种可能性很大，因为"过去开采石头，人工生挖生打，有的石头不是特别好的结构，也得利用上，因为太费劲了。过去硬生生把它挖下来，现在开石头，表层不好的石材就不要了"。

宋厂长推测，流泪碑在采石选料的时候石碑正面就已经出现轻微的风化腐蚀，由于当时工艺限制，这样的石料也被用上了。现在我们已不可能从石碑表面取样分析成分，但在中国

山间的花岗岩

地质大学张招崇教授的电脑里我们看到了一张花岗岩风化腐蚀后显微照片，照片中块状的岩石结构已经被风化成了粉末状，也就是说，流泪碑表面那红色斑块状的钾长石和灰色的斜长石经风化后会形成粘土化的高岭石，这种物质是制造陶瓷的原料，它的最大特性正是吸水性高。

奇闻思考

有了这样的推测，是否就说明问题了呢？

张教授表示这并不完全，因为尽管石碑表面存在风化腐蚀的可能性，但是通过观察，其风化程度并不严重，还不足以让石碑流泪，最多也就使碑表面微微返潮。

一层层谜团的揭开，却带来了更多的谜团，莫非我们离石碑流泪的答案越来越远了吗？

奇闻揭密

这时，在曲阜文物管理委员会工作了多年的孔先生得知我们在了解流泪碑的消息后找到了我们。他也耳闻了许多关于流泪碑的传说，在听过北京专家的观点后，他讲出了流泪碑成因的另一番道理。

孔先生的估计是说："这个石质好，光洁度又好，越是这样的碑石游客越爱用手去触摸它，因为这手本身有汗，触摸时间长了它的湿润度就更大了。"

这时，当我们把北京专家的观点和孔先生的观点结合在一起，石碑流泪的原因突然清晰了很多。也就是说，在孔林几千块石碑中，康熙皇帝立的这块花岗岩石碑在建碑时，其实就已经出现了轻微风化。风化使得碑表面返潮变湿，但是这种简单的自然现象被人为地神话了。

这个神话又促使无数的游客出于好奇心前来，他们反复用手抚摸潮湿的碑面，叹为奇谈。而在天长日久经常触摸之中，碑身中部表面逐渐形成了一层薄薄的油膜。这油膜在平时并不为人注意，但是到了每年的八九月份，这会正是曲阜多雨潮湿的季节，空气中的水蒸气就凝结在了石碑表面。蒸气多了之后便会汇集成为水珠，水珠又因油膜的阻挡不能被石碑吸收……这样一层层连贯发生，就形成了石碑流泪这一奇景。

虽然谜底揭示并非子贡或孔子显灵，但说曲阜流泪碑天下一绝，这一点也不为过。正是孔子祭祀大典前后空气湿度大的天时原因，加之石碑正面被风化的地利因素，还有曲阜人的尊师重教的人和环境，造就了这一流传了几百年的美丽传说。何不为天下一绝呢！

神奇的夜视眼

奇闻导视

一次停电带来的意外发现，他说：你们看不到吗？我能看到！高度近视的双眼为何能看"穿"黑暗中的一切？电脑验光竟然测不出他眼睛度数！

奇闻奇谈

在现代人的生活中，电的重要性自然不言而喻。停电实在是让人烦心的事。但是，在河南省封丘县一普通的农民家中，有一天，家里突然停电，却让人发现了一桩万万想不到的事……

刘朝行，是河南省封丘县曹岗乡的一个普通农民，乡亲们都戏称他长了一双夜猫子眼。村民们都试验过好多次了。拿一张报纸，别人先看一遍，关掉灯，再让刘朝行看，他能一字不落地念出来。

这样的"特异功能"到底是什么时候发现的呢？通过乡亲们和刘朝行的描述，回忆起是一天夜里，

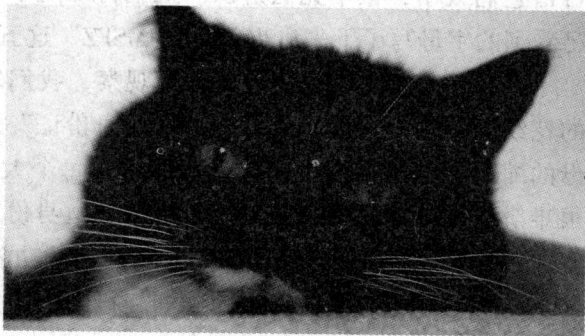
可在夜间看清东西的猫眼

几个朋友来刘朝行家打扑克，喜欢读书的他并没有玩牌，而是坐在一旁看起了报纸。突然停电了，朋友们却发现刘朝行依旧捧着报纸，十分惊讶，朋友说："停电了！停电了你还看啥？"

刘朝行却说："你先让我把这段看完，报上说下雾了！这么亮你看不见？"

朋友很惊讶，"我看不见啊！这么黑，再大的字我也看不见。"

刘朝行却态度平和，"我给你读啊，我省发布大雾红色预警信号，郑州、开封、漯河、信阳和新乡五地区……一会儿点着蜡我要是没错，咱们赌五十块钱。"朋友根本不相信他能在黑天里看见东西，一口答应："中。"

一会，来电了，拉开灯，刘朝行指着报纸上的字看着朋友直乐："你看，这不是，郑州、开封、漯河、信阳和新乡五地区……"

朋友立马目瞪口呆。很快刘朝行具有神奇本领的事，便在乡亲们中间传开了，这让他们不仅惊讶不已，甚至农闲时经常有人特意请刘朝行去表演。刘朝行长了一双夜视眼的消息很快便在十里八乡都传开了。

我们打算亲自见识一下刘朝行的夜视眼。在等待天黑的这段时间里，刘朝行又主动向我们介绍，他用自己的神眼还发现的另一个小秘密。刘朝行指着自己的身份证说："这个地方，这不是河南省封丘县曹岗乡，岗和乡中间这个地方，看见了没有？你看这都是，看到了没有？"

原来刘朝行所说的小秘密就在我国第二代居民身份证上。一个偶然的机会他突然发现，第二代居民身份证上有几个微缩字母，可是他让周围人看，别人却都看不到。记者曾试图极力用摄像机拍摄到这几个字母，可惜它们太小，根本无法辨认。刘朝行却随手拿起纸和笔很轻松地把自己看到的字母写了下来，也就是"JMSFZ"这五个字母。

而后，通过使用高倍数放大镜观察，我们发现在第二代身份证上部的花纹图案中心，确实隐藏着"居民身份证"这五个汉语拼音第一个字母的缩写，但是这五个字母是微缩的，每个大小不足 0.5 毫米，一般人很难辨认出来。这到底是刘朝行事先知道身份证上的秘密，故意表演给我们看，还是他的眼睛确实具有某种独特的功能呢？

后来，在交谈中我们得知，刘朝行的眼睛属于高度近视，从小学一年级开始，他就坐在教室的第一排，即使这样他也只能看清老师写在黑板正中央的大字。因为他自打出生就看不清一米以外的世界是什么样子，所以在村里他很少主动与对面走来的乡亲们打招呼。为了谋生，他置办了一套崩爆米花的工具，但是他却看不清压力表上的数字。甚至地里的麦苗杂草他也无法分辨。

冬季太阳落山早，不到6点钟，天基本上就黑了。这时，刘朝行的家在不开灯的情况下，已经相当昏暗，我们对他的测试即将开始。我们拿出一张事先准备好的报纸，并从中选择了一段请他读。

随后，刘朝行极其自然而通畅地在黑暗中读完了那一段文章：时临岁末，2006年中国经济工作已进入收关阶段，中共中央政治局日前决定，近期将召开中央经济工作会议，总结十一五开局之年的经济工作……

这和我们在白天选定的一字不差。

这真是近视吗？按常理来说，近视的人就怕看小字，身份证上那五个小得不能再小的字母，普通人就是拿放大镜辨认起来也相当吃力，可是高度近视的刘朝行为何能轻而易举地读出来呢？通过记者对刘朝行的观察，发现他即使在白天看报纸的时候，眼睛也是几乎贴在报纸上，这说明，他的眼睛近视确实已经非常严重了，但他从来都不戴眼镜，这是为什么呢？这种状况又不得不让人开始怀疑，他的这种高度近视是否跟他超人的夜视能力有关联，那又是什么关系呢？

眼镜度数莫非真为天数

谈起自己的眼睛，对于刘朝行来说并不是什么怪事，连测视力，都是十几年前的事了。那时候用的是五百度的镜片，但刚戴了两个月，镜片就烂了，父母也反对他戴，怕戴了眼镜视力一直抬高。但是，不戴眼镜也并没有阻止刘朝行近视的升级，从他日常生活的状态来看，近视已经严重影响了他的生活。但是另一方面，他却能在黑暗中比别人更方便地看书读报，这两种相互矛盾的情景，让我们越来越想找出他眼睛的真相。

为了弄清楚他到底是在什么光线强度下能看清东西，我们从北京同仁医院借了一台光线强度测量仪，对刘朝行夜视读报纸时的光线强度进行了测量，结果令人大吃一惊。

光线强度的单位是勒克斯，夏天阳光下的光线强度一般能达到十万勒克斯，日光灯管的光线强度为 1200 勒克斯左右，距离 1 个烛光 20cm 处的光线强度是 10 到 15 勒克斯，而在一支烛光下，一般人读书看报就已经很困难了，而让人吃惊的是，刘朝行夜视读报时的光线强度竟然只有 0.01 勒克斯，是一个烛光亮度的千分之一！

那么，刘朝行的这种超常视觉能力是否和他的高度近视有关呢？他现在的近视程度又到底是个什么情况呢？

征求了刘朝行的同意之后，我们决定带他去新乡检测一下眼睛。可是，在新乡一家正规眼镜店里，正当电脑验光机准备测出他眼睛度数的时候，发生了一件让大家都不可理解的事情：那个本应该显示度数的字条上竟然什么也没有，就是一张白纸！

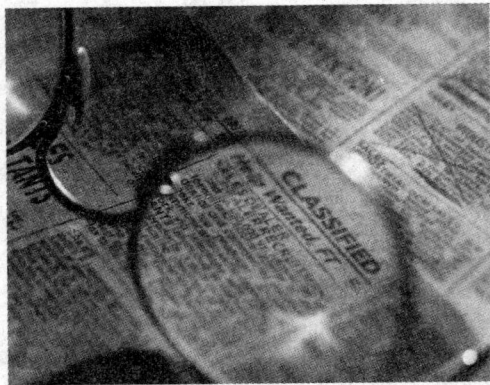

矫正视力的眼镜

这一结果让在场的人始料不及，电脑验光机竟然读不出刘朝行眼睛的度数。难道是机器出了问题？可是换另外一人测量，机器又恢复了正常。或者难道刘朝行的眼睛真和我们常人有某种不同，竟然能让验光仪出现异常？河北省邯郸市第三医院是距离新乡最近的一家专业眼科医院，医院的孙院长在得知刘朝行的情况后，决定对他进行一次全方位的眼部检查。然而，刘朝行的眼睛度数，在医院的电脑验光机下，竟然跟新乡眼镜店的电脑一样，也没有测出个所以然来！随即，孙院长又换来了全曲光仪，这才测出了刘朝行的近视度数：2400 度！

2400 度！看来刘朝行不但是近视，而且还是超高度近视。原来新乡的电脑验光机打出一张白纸并非机器或刘朝行哪一方的错，其原因在于：一般的电脑验光机的上限在 1500 度左右，超过这个度数机器就会停止工作，而全曲光仪的测量范围大了很多，于是就可以测出。

探究识别微小文字缘由

而后，当我们关于刘朝行能看清微缩字的问题询问专家时，专家拿出了一张检查近视力的卡片，在卡片底端我们见到了与身份证上微缩字母大小相当的一行文字，刘朝行很轻松地辨认了出来。专家说，就是因为刘朝行有了这双 2400 度的超高近视眼，他想看不清这些字儿都是不可能的。

在邯郸市第三医院，任延君副主任医师向我们介绍说，"医学上有一个视角的概念，你在这么近看东西视角要比一尺远看东西的视角要大得多，咱们拿一个四号的字，如果在一尺远看，是这么一个效果，如果在这么近他可能比一号字还大。他辨别字的大小的细微的程度要比咱们强得多，这个都是因为它的近视的度数更高造成的。"

原来，正常视力的人，眼睛和物体之间能看清楚的最近距离在 20 厘米左右，再近就虚了。而刘朝行这类的超高度近视者，眼睛和物体之间可以贴得很近，大约两三厘米左右，这样一来，根据近大远小的道理，原本半毫米大小的微缩字母，也就被放大到了 5 个毫米左右，刘朝行自然就看得很清楚了。

微小的字母能看清的问题解释清楚了，但一个超高度近视的人为什么能在黑夜中读书看报，这个疑惑还是在邯郸医院的专家们心头缭绕。他们怀疑，会不会是刘朝行有超常的暗视力能力呢？

关于暗视力，这是指在黑暗环境下看清周围的能力，这个能力有人强有人弱，比如进入电影院时，暗视力强的人很快就能适应黑暗环境，马上就找到了座位，但暗视力弱的人却需要很长时间才能适应，这时只能摸索着前进。而很多动物的暗视力要比人类要强得多，比如猫科动物，它们能在黑暗中穿梭自如，顺利

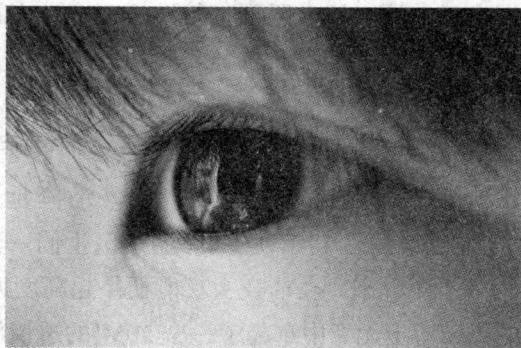

人的瞳孔

捕捉到猎物，因为它们的瞳孔在夜间可以开得很大，这样就能更多地吸收大自然中任何一点微弱的光去发现猎物。那么，刘朝行拥有在黑暗中看报的能力，就是因为他有超强的暗视力吗？

于是，基于这个推测，在一个昏暗的房间里，医生对刘朝行进行了暗视力对比度测试，希望能发现他有超常的暗视力能力。但是让所有人都没有想到的是，刘朝行的暗视力能力竟然还不如一个正常人！瞳孔检测也没有发现任何异常，可以说刘朝行除了高度近视之外，和我们正常人没多大区别。他能在黑暗中读书看报的原因并没有得到答案。

奇闻思考

刘朝行眼睛的超常能力在邯郸医院只得到了一部分解答，由于他家的经济情况比较困难，所以他长期生活在没有足够照明的昏暗环境中，从而加重了近视度，因此在贴得非常近的情况下，他能看清很微小的字。但超高度近视和夜视之间有什么关联呢？平时邯郸第三医院的专家们也接触过不少超高度近视的患者，但是从来没有对他们在暗环境下的分辨力进行过检测。在邯郸医院，刘朝行的夜视眼的前因后果恐怕是得不到结论了。

奇闻揭秘

就在所有线索终止，似乎是"山穷水尽疑无路"的时候，北京同仁医院给我们的记者打来电话，说他们那里正好有一位2000度的超高度近视患者，那么她会跟刘朝行一样，也有夜视能力吗？

我们随即赶回北京，在同仁医院见到了这位有着2000多度近视的东北患者。医院立刻对她进行了黑暗测试：关上灯，把光线降低到0.02勒克斯左右，让她看一张有字的纸，但对于结果会怎样，院方专家心里也没有底。就在这时，测试者突然清晰地说出了那张纸上印刷的红字，"河北邯郸房产宾馆便签"。这是医生们一开始就知道的。

这样看来，莫非夜视功能便是超高度近视患者的专利？这时同仁医院的雄瑛博士无意中拿起了一个20倍的透镜放在了眼前，在黑暗之中，他突然大喊："我能看见了！我不用这个就完全看不见，而这个20倍的透镜就是一个放大镜，现在我就看见了，我真的看到了！"

　　这个意外的发现，让所有人都恍然大悟：原来，刘朝行在夜里能看到字根本就不是什么超能力，而是超高度近视者共有的一个特性，这类人群眼睛里已经变形的晶状体相当于

放大镜

一个放大镜，能把报纸上的 5 号字放大成 2 号甚至 1 号字！这样想看不清楚都难！因此，在微弱的光线条件下，任何人手拿一个高倍数放大镜，都可以看清楚书上的文字。这个原理仅仅是一个简单的光学现象罢了。

　　神奇的现象背后往往隐藏着简单的科学道理，刘朝行的夜视现象再一次验证了这句话。再说点儿刘朝行的最新动向，新乡那家给他验过光的眼镜店得到他的准确度数后，免费为他制作了一副超高度近视镜，刘朝行戴上眼镜的一瞬间，眼前的世界焕然一新，可他的夜视功能也就由此消失了。但刘朝行告诉我们，他更喜欢这个清晰的世界！

"药石"之谜

奇闻导视

　　一块石头有神通，据说能给人治百病。这是真事儿还是假象？它到底是块什么样的石头？究竟有何神奇之处？

奇闻奇谈

　　说到香山公园，那可是北京远近闻名的旅游胜地。爬香山，观红叶几乎是人人皆知，那是香山的标志。可是听说那里有一块能治病的石头，这是真是假呢？香山的"药石"到底在哪儿，我们并不知道，在公园里

的导向路牌上下寻觅，也没有"药石"两个字。于是我们一边打听，一边登上了香山。

没想到，在这里，"药石"的名气绝对不亚于香山，一打听，沿途上下山的老年人竟然没有一个不知道药石的，一位姓陈的老大爷更是语出惊人："我要不是香山药石啊，早到八宝山了！"而后，据这位陈大爷说，他十几年前突发脑血栓，引发了半身不遂的症状。幸亏抢救及时，大爷才没把剩下的日子交给病床。能下地活动以后，这些年来，他坚持天天运动，后来开始爬香山，去药石，现在除了说话不利落外，一点儿都看不出有什么半身不遂的症状。在陈大爷的口中，这"药石"还真是够灵的，能治好半身不遂。可是细想，半身不遂可不是头疼脑热的小病，连西医都不能保证立竿见影，药到病除，区区一块石头怎么可能做到？就在这时，大爷又说了，不光是他的半身不遂治好了，其他山友的很多病，像什么心脏病、脑血栓、还有乳腺癌也都痊愈了，陈大爷最后总结说，"可以说百病全治！"

百病全治？这让我们对药石产生了极大的兴趣。毕竟大爷说的这些疑难杂症，不但病理不同，而且位置各异。"药石"能有多大的本领，能让这些病都见疗效？种种疑问之下，这块未曾露面的"药石"显得愈发神秘了。告别了陈大爷，我们加快脚步，赶往——"药石"。

治病药力从何而来

几经周折，我们终于来到了香山二十八景之一的"森玉笏"。据说"药石"就藏在这个地方。这里位于香山南山，背光阴冷，而且山上风也很大，气温不超过10度。就是这么个寒冷冻人的地方，却不时有三三两两的人来来往往，还都是些上了年纪的大爷大妈。他们都是冲着这块传说中的"药石"来的，只见这些大爷大妈有的背靠石壁，闭目养神，有的紧贴石壁，呼吸运气。这就是在治病吗？

虽然有的山友说只是觉得这块石头有些药味，但经常来这儿的大爷大妈却说，其实不光是吸药味儿能治病，这儿还有磁场，因此靠着药石就能做磁疗了。并且，她们还提出了实验证据，据说它能吸上硬币，那不就是有磁力吗？半信半疑之下，我们也拿出 5 分钱硬币试了几下……没想到，这 5 分钱硬币还真就老老实实地贴在了这块竖直的石壁上！并且屡试不爽。难道这块药石确实有磁力？它能治病靠的就是这股子磁力吗？

要知道"药石"为什么能治病，就得先探究一下它的身世。然而，"药石"这两个字究竟是什么人在什么时候写到石头上去的，就连香山的管理人员都无从得知，这让记者的第一步调查就陷入了僵局。看来，唯一的突破口就是研究那块石头本身了。从我们对石头的直观认识可见，大爷大妈说这块石头能治病，其中一点是因为它能散发出药味儿。于是，我们的注意力就先集中到能散发出味道并有药用的石头中。我们知道，在自然界中，有明显气味儿的石头一般都是硫化物，比如雄黄之类的，燃烧、撞击它们都会发出一股臭鸡蛋的气味，而且还可以用来治一些皮肤病。

那么香山的药石是不是也含有这种能散发气味的硫化物呢？这可是它有没有"药味儿"的关键！为了弄明白香山药石是否有药用的成分，我们请到了地质力学所专门从事地质考察的赵志中研究员，一同驱车赶往香山，一探究竟。

专家一来到"药石"跟前，就被眼前的石壁吸引住了。在敲击的过程中，专家发现了极其坚硬的燧石，正在形成过程中的玉石，还有冰川留下的痕迹。专家初步推断，这是 1 亿五千万年前的岩石。地质力学研究所的研究员赵志中告诉我们，这种岩石就是一种沉积岩。沉积岩就是沉积上的一种层里，而在这个层里头呢，颜色偏深，有一些铁锰膜，还有一些小黑点儿，是一些矿物。可能类似玻璃质，这种岩石从它的成分来看是没有特殊味道的，如果有也应该是泥土的味道。

因此，按照专家的分析，香山药石的"药味儿"看来就是再熟悉不过的土腥味儿。那大爷大妈们能闻出药味儿可全都是心理作用！不过，虽说"药味儿"之说不成立，但是山友们还盛传着一个有凭有据的磁疗说法，这种说法有没有根据呢？专家说了，现在市面上经常提到的磁疗，基本上用的就是这种磁铁矿石。如果药石里含有这样的磁铁矿石，那就印证了山友们的磁疗一说。刚才专家也提到，在药石的岩石中发现了一些铁锰膜，它其中就有可能含有磁铁矿的成分。这些铁锰膜到底是不是磁铁矿石，这个结论也很关键。

面对这些迷惑性很强的铁锰膜，在专家的一番敲凿之后，仔细辨别了这些岩石碎片，终于给出了最后的答案。地质力学研究所的研究员赵志中继续告诉我们："石头里头有些铁锰质的东西，从颜色看应该是二价铁，或者是三氧化二铁，而不是我们所见的磁铁石的四氧化三铁。这个岩石应该是没有明显的磁性，但会有些弱磁性，只有用科学仪器才能测出来。应该是一种不具有很明显磁性的岩石。"

专家还说，一般沉积岩中，有较强磁性、并能表现出磁性来的比较少。所以这块沉积岩不具有明显磁性，也是正常现象。

由此看来，被山友们炒得沸沸扬扬的"药味儿之说"、"磁疗之说"都站不住脚。不过，这硬币被吸的事实摆在那儿，如果不是磁力作用，又该如何解释呢？

对于这个现象，专家作了个实验，只见他拖着那枚硬币缓慢地在石壁上滑动。但奇怪的是，硬币似乎并不像上次那样听话地贴在上面，而是毫不留情地从石壁上滚落下来。如果换一种手法，将硬币按在石壁上，吸附现象才会再次出现。由此专家解释说，凭这一点就足以证明这个地方肯定不是磁力在起作用。因为如果有磁场的话，硬币以任何方式放上去，都会被牢牢地吸住。

于是专家认为药石能吸硬币的现象应该算是一种巧合。因为那一片石壁风化比较严重，表面太粗糙了，它露在外面的部分会有许多非常细小的沙质棱角，于是和硬币上的凹槽之间互相钩挂，克服了重力作用，硬币就老老实实地呆在那了。

到这里，我想大家大概都明白了。其实香山药石本身并没有太多的神秘之处，那些患有疑难杂症的山友治好了病，大部分是因为爬山锻炼，呼吸新鲜空气，心情舒畅，身体机能也得到了调整。"药石"也许就是给他们提供了一个场所，树立了一个目标，和他们的身体康复没有直接的关系。这似乎就是药石的真相了，不过，就在我们准备下这个结论的时候，从中国地质大学实验室里传来的一个消息，让我们又一次对药石的真面目看不清楚了……

磁性强弱为何有不同结果

　　就在我们对药石的勘查即将结束的时候，专家又发现了一个"药石"的奇特之处：药石的构造非常独特，它的下半部分是沉积岩确切无疑，但是它的上半部分却像是火山岩。这需要拿回去做一个磨片鉴定，才能确定其中的矿物质含量。于是我们取了一块药石上半部分的岩石样本，来到中国地质大学地质过程与矿产资源国家重点实验室。经过一星期的磨片分析之后，负责这次化验的李教授断定，这是一块偏极性火山岩，而且，他在显微镜下又有了重大发现……

　　李教授从显微镜中观察到，这块小小的石头切片上，除了正常情况应该出现的白色条状物外，还有大量的黑色斑点，它的数目之多，引起了李教授的重

火山岩

视。他介绍说："薄片里显示的矿物，主要是斜长石和磁铁矿。其中比较特别的是磁铁矿，它的含量相对较高。一般的火山岩中，磁铁矿的含量在2%以下，我们看到这个薄片里面，磁铁矿可能达到了5%甚至8%，这个量是比较特别的。"

　　因此既然我们在显微镜下看到磁铁矿石的含量高，那么很有可能这块石头的磁场强度就很高。于是李教授拿出磁化率仪测这块石头的磁场强度。一番测试之后，李教授发现，这块石头的磁性很强，虽然它的磁铁矿石分布不均匀，但并不影响它整体的磁场强度。

奇闻思考

　　这个结论一出。香山药石具有磁场一说又有了根据，由此引发的药

石能治病之说也就成为可能。那么为何前后两个专家得出的结论全然相反？难道是其中一方错了？这神秘的"药石"究竟有没有药用？

奇闻揭秘

解开这些问题的关键还是在于香山"药石"本身，它究竟是赵研究员说的沉积岩，还是李教授分析出来的火山岩？

其实两位专家说的都对，香山"药石"下半部分，也就是专家在现场勘测的部分是沉积岩，而上半部分，我们拿去做化验的标本部分是火山岩。也就是说，香山药石一部分是沉积岩，一部分是火山岩，这样两种类型出现在一块岩石上的现象，在大自然中是非常罕见的。那么香山这一带究竟发生过什么才造成了这一奇特岩石呢？

原来早在一亿五千万年前，西山这一带经历了复杂的地质运动，它不仅有沉积现象，也有火山活动。巧合的是香山药石正是在这一时期形成的。因此经过水流搬运，风化沉积之后就形成了下半部分的沉积岩。之后火山喷发等活动形成的火山岩就堆积在上面，其中含有较高的磁铁矿，于是就形成了比较强的磁场。

至于这种磁场对人体是不是有影响，中国地质大学李胜荣教授对此做出了解释："一般大地都是有磁场的，但是药石的磁场要高一些，因此对人体会有一定的影响。磁铁矿对人体的生理功能主要是通过磁场起作用，但也只是会有一些清凉静心、催眠的作用。"

现在我们终于认清了"药石"的真面目，因此就算这块"药石"周围有对人体产生影响的磁场，但它毕竟只是一块岩石，这种磁场与专门的医疗设备比起来，也就算是个弱磁场，而它对人体的影响有多大到现在还没有定论，因此万万不可迷信。我们唯一可以肯定的是，要想靠药石治好半身不遂和心脏病，那是肯定没戏的！生命在于运动，爬山，锻炼身体是好事儿，但可千万别把"药石"当作治病的特效药，那毕竟只是一个没有任何科学依据的传说罢了。